# OXFORD CHILDREN'S

## Irish · English

# Visual DICTIONARY

OXFORD

UNIVERSITY PRESS

D1471188

# Clár na nÁbhar

# Contents

# Conas an fóclóir seo a úsáid

Tá an leabhar seo lán le focail úsáideacha agus lán le heolas. Foghlaimeoidh tú focail nua in dhá theanga agus cuirfidh tú aithne ar an domhan i do thimpeall ag an am céanna.

*This dictionary is packed with useful words, and it is also an information book. It will help you find out more about the world at the same time as you are learning new words in two languages.*

## Cén leagan amach atá ar an leabhar? • *How is it organized?*

Tá 10 dtéama éagsúla san fhoclóir agus ina measc sin tá Daoine agus Áiteanna Cónaithe, an Scoil agus an Obair, Ainmhithe agus Plandaí, Eolaíocht agus Teicneolaíocht, agus a lán eile. 'Laistigh de na téamaí sin tá ábhair dhifriúla – an Teaghlach agus Cairde, do Cholainn, na Céadfaí agus na Mothúcháin, mar shampla.

*The dictionary is divided into 10 topics, including People and homes, School and work, Animals and plants, and Science and technology. Within each topic there are pages on different subjects, such as Family and friends, Your body, and Senses and feelings.*

B'fhéidir gur mhaith leat díriú isteach ar théama a bhfuil spéis agat ann. Nó b'fhéidir gurbh fhearr leat féachaint ar ábhair éagsúla anseo agus ansiúd san fhoclóir.

*You can find a topic that specially interests you and work right through it. Or you can dip into the dictionary wherever you want.*

## Conas a aimsím focal?
### *How do I find a word?*

Tá dhá bhealach chun focal a chuardach.

*There are two ways to search for a word.*

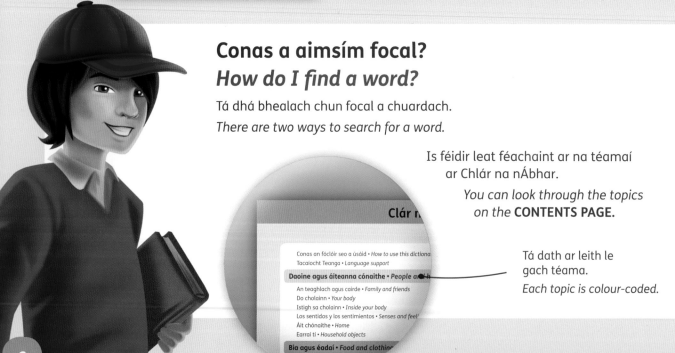

Is féidir leat féachaint ar na téamaí ar Chlár na nÁbhar.

*You can look through the topics on the CONTENTS PAGE.*

Tá dath ar leith le gach téama.

*Each topic is colour-coded.*

Clár n...

Conas an fóclóir seo a úsáid • *How to use this dictiona...*
Tacaíocht Teanga • *Language support*

**Daoine agus áiteanna cónaithe • *People a...***

An Teaghlach agus cairde • *Family and friends*
Do cholainn • *Your body*
Istigh sa cholainn • *Inside your body*
Los sentidos y los sentimientos • *Senses and feel...*
Áit chónaithe • *Home*
Earraí tí • *Household objects*

**Bia agus éadaí • *Food and clothin...***

Bia agus éadaí • *Food and drink...*
...de gach cineál • *A...*

# How to use this dictionary

## Ag úsáid an fhoclóra • *Using the dictionary*

Ar gach leathanach, tá íomhánna beoga, radhairc agus léaráidí lipéadaithe le taobh na bhfocal. Mar sin, tá sé éasca an focal atá uait a aimsiú - agus mórán focal eile a fhoghlaim freisin.

*On each page, words are introduced through lively images, scenes, and labelled diagrams. So it's easy to find the word you need – and discover many more words along the way.*

Cuireann gnéphainéil leis an stór focal.
*Feature panels give more in-depth vocabulary.*

Tugtar an t-ábhar sa líne ar an taobh.
*Side bar identifies the subject.*

Tugann réamhrá sa dá theanga tuilleadh eolais duit ar an ábhar.
*Introduction in both languages adds extra information on the subject.*

Tugtar an téama sa líne ar barr.
*Top bar identifies the topic section.*

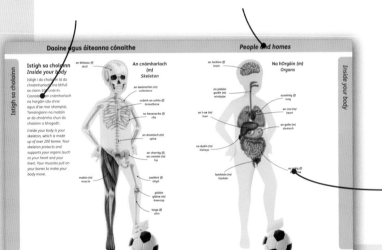

Cuireann na ceannscríbhinní focail nó abairtí ar fáil in dhá theanga.
*Captions provide words or phrases in two languages.*

Tugann lipéid an bhrí dhíreach atá le focal.
*Labels help to pinpoint the exact meaning of a word.*

Nó is féidir leat féachaint ar an innéacs ar chúl an leabhair.
*Or you can use the* **INDEX** *at the back of the book.*

Tá innéacs Béarla agus Gaeilge ann. Mar sin, is féidir leat focal a chuardach sa dá theanga.
*There is an English and a Irish index, so you can find a word in either language.*

**Is cuma cén bealach a dhéanfaidh tú cuardach, beidh spraoi agat agus tú ag aimsiú na bpictiúr agus na bhfocal!**
*However you find your word, you will have fun exploring pictures and words!*

# Tacaíocht teanga

***This book is for people learning their first words in Irish. Look at the pictures and learn the words in a whole range of themes.***

Most of the words in this dictionary are nouns. A noun is a word for a person, place, thing or idea. All of the Irish words have a specific gender. They are either masculine *(m)* or feminine *(f)*. Many foreign words are not translated into Irish and remain as they are in their original language, such as 'quiche' and 'paella'. These are neither masculine nor feminine in Irish and you will not see an *(m)* or *(f)* beside them.

Other words in the dictionary are verbs and adjectives. A verb is a word that tells you what a noun is doing, e.g. push, pull, and an adjective describes what a noun is like, e.g. big, small, happy.

Most of the words in the dictionary are singular. When a word is singular, it is referring to one thing. When a word is plural, it is referring to two or more things. There are some instances in the dictionary where the English word is singular and the Irish translation is plural. When this happens, you will see *pl* beside the Irish word.

## Dialects in Irish

Irish is spoken in regions of Ireland called the *Gaeltacht*. There are Gaeltacht areas in Galway, Donegal, Kerry, Mayo, Cork, Waterford and Meath. Each of these areas has a different dialect or way of pronouncing words in Irish. The official standard or *An Caighdeán Oifigiúil* is the standard Irish which is taught in schools. It is understood by all the different dialects. The three main dialects are the Connacht, Ulster and Munster dialects.

This dictionary gives the translation of words according to the official standard. Where you see more than one translation for a word, it is because there is no one common Irish translation for that word between the three main dialects, e.g. **spade** *rámhainn* (Munster); *spád* (Ulster); *láí* (Connacht).

The Irish alphabet is *a b c d e f g h i l m n o p r s t u*. Although not in the traditional Irish alphabet, *v* and *j* are now used in Irish words. There is an acute accent in Irish called the *síneadh fada* and it is used on all the vowels *á é í ó ú* to lengthen their sound. The *á* is pronounced as 'aw' like 'law'; the *é* is pronounced 'ay' like 'day'; the *í* is pronounced 'ee' like 'fee'; the *ó* is pronounced 'o' like 'low'; and the the *ú* is pronounced 'oo' like 'moor'.

## An teaghlach agus cairde • *Family and friends*

Is iomaí cineál teaghlach a bhíonn ann. Bíonn cónaí ar leanaí áirithe le tuismitheoir nó le caomhnóir amháin. Bíonn cónaí ar leanaí eile i dteaghlaigh mhóra le go leor gaolta ina dtimpeall. Is cuid de do theaghlach do sheantuismitheoirí, d'uncailí, d'ainteanna agus do chol ceathracha.

*Families come in many sizes. Some children live with just one parent or carer. Some have large families, with many relatives. Grandparents, uncles, aunts, and cousins are all members of your extended family.*

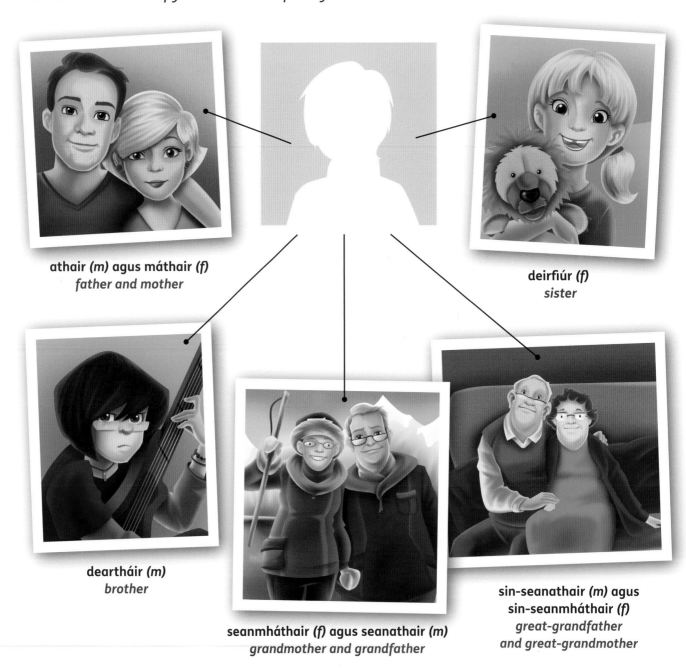

**athair (m) agus máthair (f)**
*father and mother*

**deirfiúr (f)**
*sister*

**deartháir (m)**
*brother*

**seanmháthair (f) agus seanathair (m)**
*grandmother and grandfather*

**sin-seanathair (m) agus sin-seanmháthair (f)**
*great-grandfather and great-grandmother*

# People and homes

**leasathair (m) agus máthair (f)**
*stepfather and mother*

**uncail (m) agus aint (f)**
*uncle and aunt*

**an cara is fearr (atá agat) (m)**
*best friend*

**leasdeartháir (m) agus leasdeirfiúr (f)**
*stepbrother and stepsister*

**col ceathracha (m)**
*cousins*

**cairde (m)**
*friends*

## Do cholainn • *Your body*

Tá do cholainn cosúil le meaisín an-chasta. Oibríonn gach páirt de le chéile ionas gur féidir leat mórán tascanna a dhéanamh ag an am céanna. Bíonn do cholainn ag obair an t-am ar fad chun tú a choinneáil beo!

*Your body is like an incredibly complicated machine. All its parts work perfectly together, so you can do many different jobs at once. It is also busy all the time keeping you alive!*

### An t-éadan *(m)*, an aghaidh *(f)* • *Face*

**gruaig *(f)***
*hair*

**clár éadain *(m)***
*forehead*

**mala *(f)***
*eyebrow*

**súil *(f)***
*eye*

**srón *(f)***
*nose*

**béal *(m)***
*mouth*

**cluas *(f)***
*ear*

**leicne *(m***
*cheeks*

**fiacla *(f)***
*teeth*

**smig *(f)***
*chin*

# People and homes

**Your body**

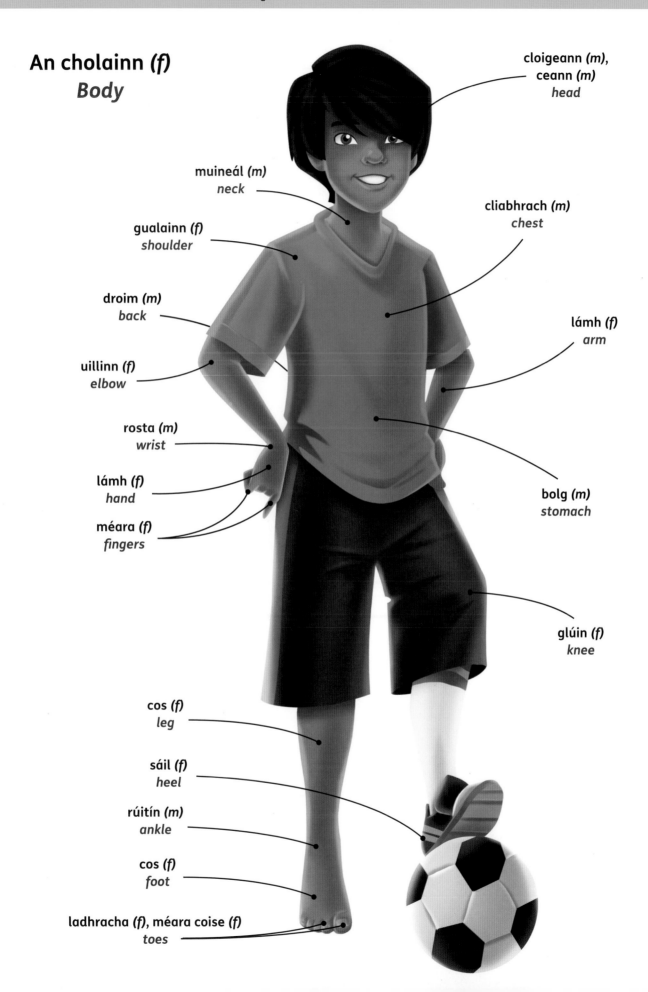

**An cholainn (f)**
*Body*

cloigeann (m),
ceann (m)
*head*

muineál (m)
*neck*

cliabhrach (m)
*chest*

gualainn (f)
*shoulder*

droim (m)
*back*

lámh (f)
*arm*

uillinn (f)
*elbow*

rosta (m)
*wrist*

lámh (f)
*hand*

méara (f)
*fingers*

bolg (m)
*stomach*

glúin (f)
*knee*

cos (f)
*leg*

sáil (f)
*heel*

rúitín (m)
*ankle*

cos (f)
*foot*

ladhracha (f), méara coise (f)
*toes*

13

## Istigh sa cholainn
### *Inside your body*

Istigh i do cholainn tá do chnámharlach, ina bhfuil os cionn 200 cnámh. Cosnaíonn an cnámharlach na horgáin (do chroí agus d'ae mar shampla). Tarraingíonn na matáin ar do chnámha chun do cholainn a bhogadh.

*Inside your body is your skeleton, which is made up of over 200 bones. Your skeleton protects and supports your organs (such as your heart and your liver). Your muscles pull on your bones to make your body move.*

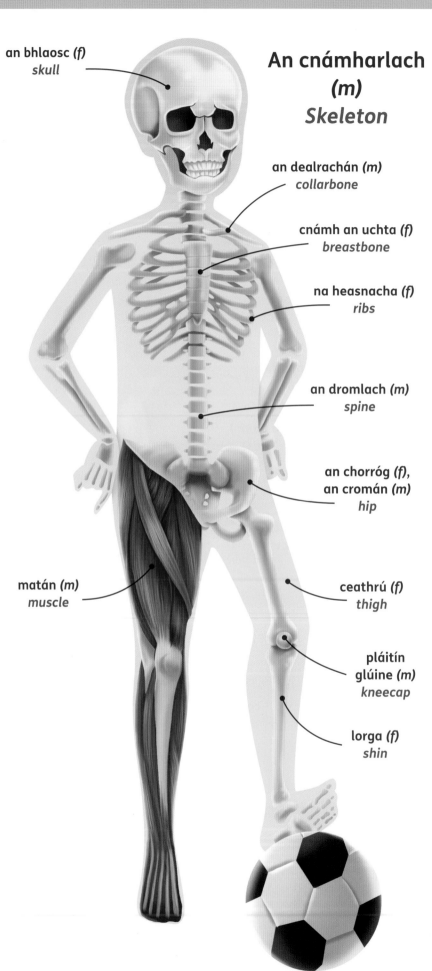

An cnámharlach **(m)**
*Skeleton*

an bhlaosc **(f)**
*skull*

an dealrachán **(m)**
*collarbone*

cnámh an uchta **(f)**
*breastbone*

na heasnacha **(f)**
*ribs*

an dromlach **(m)**
*spine*

an chorróg **(f)**,
an cromán **(m)**
*hip*

matán **(m)**
*muscle*

ceathrú **(f)**
*thigh*

pláitín
glúine **(m)**
*kneecap*

lorga **(f)**
*shin*

14

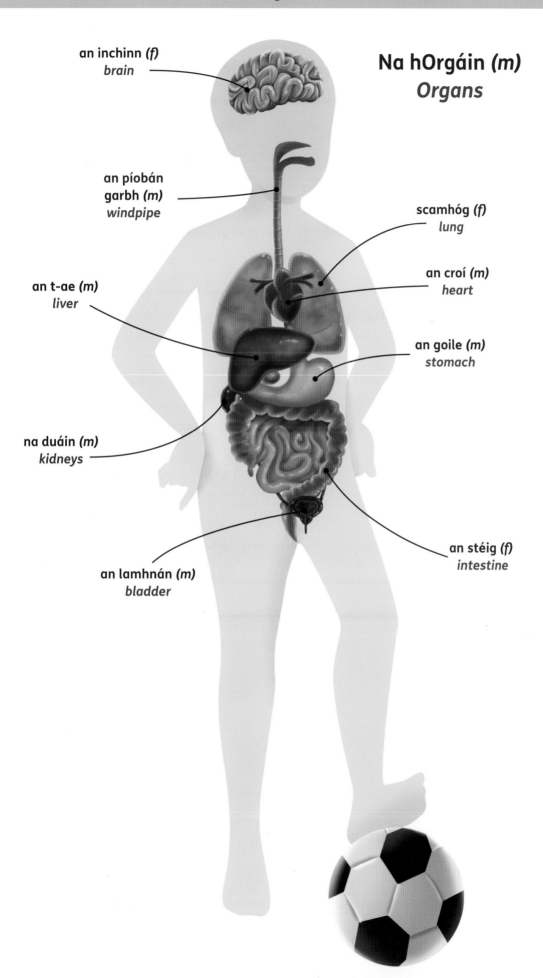

an inchinn *(f)*
*brain*

## Na hOrgáin *(m)*
### *Organs*

an píobán
garbh *(m)*
*windpipe*

scamhóg *(f)*
*lung*

an t-ae *(m)*
*liver*

an croí *(m)*
*heart*

an goile *(m)*
*stomach*

na duáin *(m)*
*kidneys*

an stéig *(f)*
*intestine*

an lamhnán *(m)*
*bladder*

## Na céadfaí agus mothúcháin • *Senses and feelings*

Nascann ár gcéadfaí muid leis an saol atá inár dtimpeall. Iompraíonn siad comharthaí chuig an inchinn nuair a bhíonn rudaí le feiceáil, le cloisteáil, le bolú, le blaiseadh nó le mothú againn. Úsáidimid ár n-éadan chun comharthaí a chur chuig daoine eile faoin mbealach a mhothaímid.

*Our senses link our bodies to the outside world. They carry signals to our brains about everything we see, hear, smell, taste, and touch, we use our faces to send signals to other people about how we are feeling.*

Mothú (m) • Touch

bog soft · fliuch wet · géar sharp · te hot · fuar cold

Blas (m) • Taste

milis sweet · géar sour · goirt salty

Boladh (m) • Smell

bréan nasty · deas nice

Éisteacht (f) • Hearing

ciúin quiet · glórach loud

Amharc (m), radharc (m) Sight

geal bright · ildathach colourful

16

# People and homes

**sona**
*happy*

**brónach**
*sad*

**scanraithe**
*scared*

**feargach**
*angry*

**bródúil**
*proud*

**sceitimíní a bheith ort** *(m)*
*excited*

**ionadh a bheith ort** *(m)*
*surprised*

**mí-ásach**
*mischievous*

**amaideach**
*silly*

**ag gáire**
*laughing*

**mearbhall a bheith ort**
*confused*

**dubh dóite (de rud)**
*bored*

17

## Áit chónaithe • *Home*

Is iomaí cineál áit chónaithe atá ann, ní bhíonn ach seomra amháin i gcinn áirithe agus bíonn go leor seomraí i gcinn eile. De ghnáth, bíonn áit ann do chócaireacht, do níochán, do chodladh agus áit chun do scíth a ligean.

*Homes come in all shapes and sizes, and range from single rooms to massive mansions. Most have areas for cooking, washing, sleeping, and relaxing.*

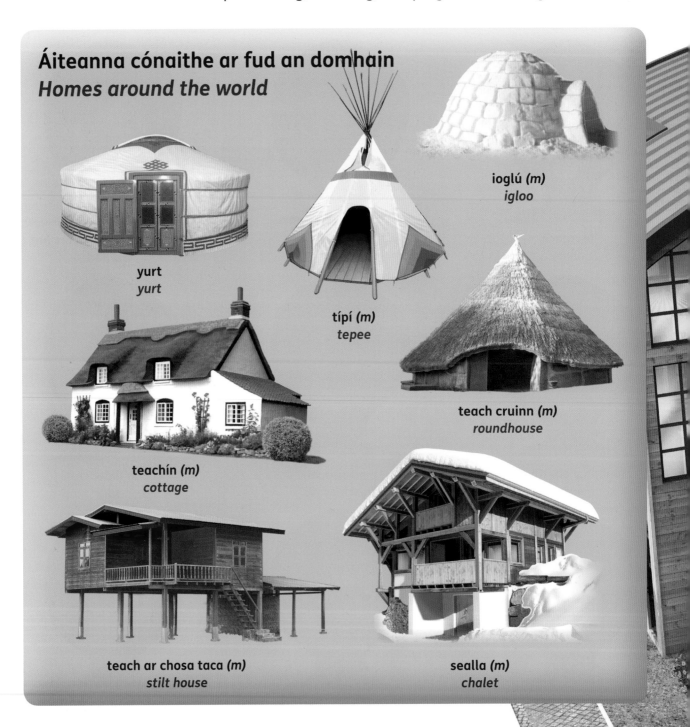

### Áiteanna cónaithe ar fud an domhain
*Homes around the world*

**ioglú (m)**
*igloo*

**yurt**
*yurt*

**típí (m)**
*tepee*

**teach cruinn (m)**
*roundhouse*

**teachín (m)**
*cottage*

**teach ar chosa taca (m)**
*stilt house*

**sealla (m)**
*chalet*

# People and homes

**1** simléar *(m)*
chimney

**2** fuinneog *(f)*
window

**3** doras *(m)*
door

**4** díon *(m)*
roof

**5** cistin *(f)*
kitchen

**6** seomra folctha *(m)*
bathroom

**7** seomra suí *(m)*
living room

**8** seomra leapa *(m)*
bedroom

**9** garáiste *(m)*
garage

**10** folcadán *(m)*
bath

**11** leithreas *(m)*
toilet

**12** cithfholcadán *(m)*
shower

**13** cathaoir *(f)*
chair

**14** bord *(m)*, tábla *(m)*
table

**15** leaba *(f)*
bed

**16** teilifíseán *(m)*
television

**17** doirteal *(m)*
sink

**18** cócaireán *(m)*
cooker

## Earraí tí • *Household objects*

Tá réimse mór ábhar agus uirlisí úsáideacha ag gach teaghlach. Úsáidimid na hearraí tí sin gach uile lá chun bia a réiteach agus chun muid féin a choinneáil glan.

*Our homes are full of useful household tools and materials. We use these household objects every day to cook our food and to keep ourselves clean.*

### Sa chistin • *In the kitchen*

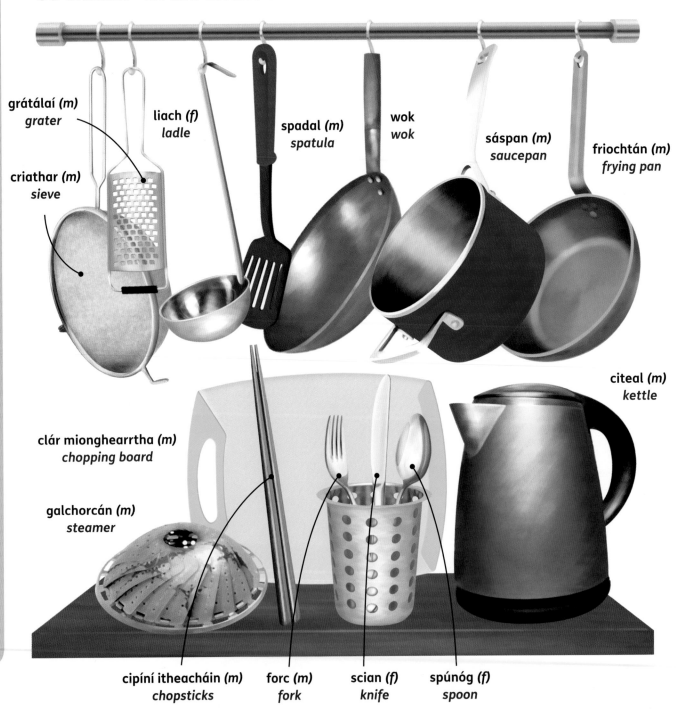

grátálaí *(m)*
*grater*

criathar *(m)*
*sieve*

liach *(f)*
*ladle*

spadal *(m)*
*spatula*

wok *(m)*
*wok*

sáspan *(m)*
*saucepan*

friochtán *(m)*
*frying pan*

citeal *(m)*
*kettle*

clár mionghearrtha *(m)*
*chopping board*

galchorcán *(m)*
*steamer*

cipíní itheacháin *(m)*
*chopsticks*

forc *(m)*
*fork*

scian *(f)*
*knife*

spúnóg *(f)*
*spoon*

## Sa seomra folctha • *In the bathroom*

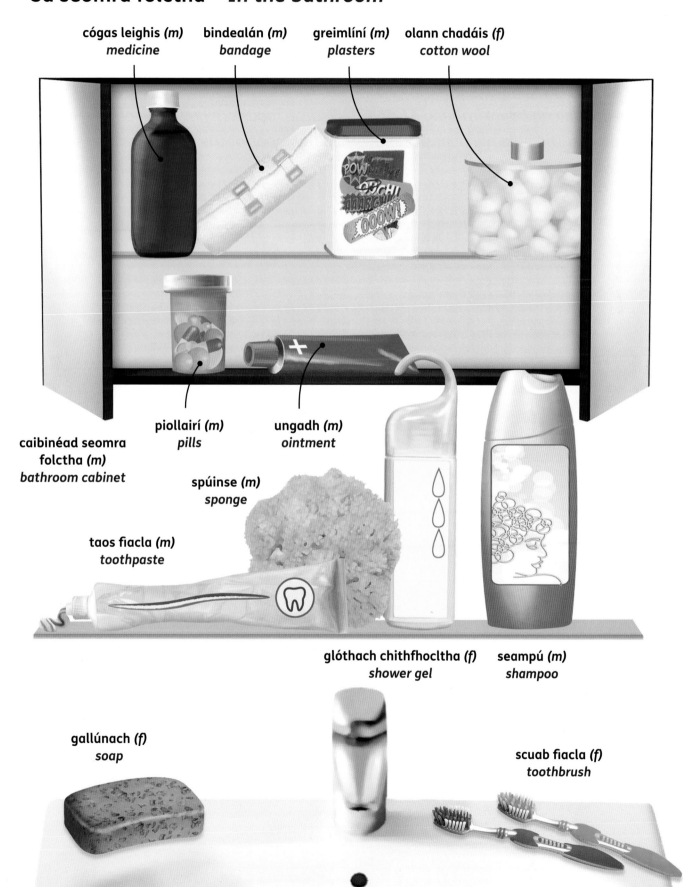

**cógas leighis *(m)***
*medicine*

**bindealán *(m)***
*bandage*

**greimlíní *(m)***
*plasters*

**olann chadáis *(f)***
*cotton wool*

**caibinéad seomra folctha *(m)***
*bathroom cabinet*

**piollairí *(m)***
*pills*

**ungadh *(m)***
*ointment*

**spúinse *(m)***
*sponge*

**taos fiacla *(m)***
*toothpaste*

**glóthach chithfhocltha *(f)***
*shower gel*

**seampú *(m)***
*shampoo*

**gallúnach *(f)***
*soap*

**scuab fiacla *(f)***
*toothbrush*

## Bia agus éadaí • *Food and drink*

Teastaíonn bia agus deoch uainn chun muid a choinneáil beo, ach tá bia áirithe níos fearr dár sláinte ná bia eile. Ar an bpirimid thall tá an bia folláin ag bun na pirimide agus an bia nach bhfuil chomh folláin sin ag barr na pirimide.

*We need food and drink to keep us alive, but some foods are better for our health than others. The pyramid opposite shows healthy foods at the bottom and less healthy foods at the top.*

### Deochanna *(f)* • *Drinks*

**tae glas** *(m)*
*green tea*

**seacláid the** *(f)*
*hot chocolate*

**sú torthaí** *(m)*
*fruit juice*

**caife** *(m)*
*coffee*

**deoch shúilíneach** *(f)*
*fizzy drink*

**uisce** *(m)*
*water*

**tae** *(m)*
*tea*

**bainne** *(m)*
*milk*

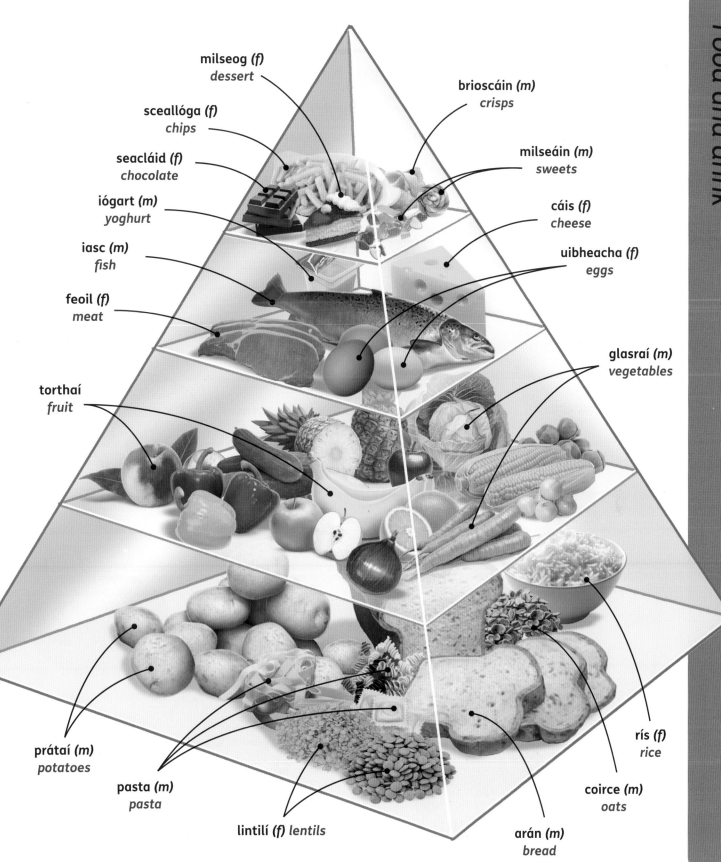

**milseog (f)**
*dessert*

**sceallóga (f)**
*chips*

**seacláid (f)**
*chocolate*

**iógart (m)**
*yoghurt*

**iasc (m)**
*fish*

**feoil (f)**
*meat*

**torthaí**
*fruit*

**prátaí (m)**
*potatoes*

**pasta (m)**
*pasta*

**lintilí (f)** *lentils*

**brioscáin (m)**
*crisps*

**milseáin (m)**
*sweets*

**cáis (f)**
*cheese*

**uibheacha (f)**
*eggs*

**glasraí (m)**
*vegetables*

**rís (f)**
*rice*

**coirce (m)**
*oats*

**arán (m)**
*bread*

## Bia de gach cineál • *All sorts of food*

Itheann daoine sneaic nuair a theastaíonn béile beag uatha is féidir a ithe go tapa.
Má bhíonn tuilleadh ama acu, is féidir leo príomhchúrsa agus milseog a ithe.

*People have a snack when they need a small meal that can be eaten fast.*
*If they have more time, they can enjoy a main course and a dessert.*

### SNEAICEANNA *(f)*
### *SNACKS*

**ceapaire** *(m)*
*sandwich*

**fillteog** *(f)*
*wrap*

**burgar** *(m)*
*burger*

**anraith** *(m)*   **rollóg** *(f)*
*soup*            *roll*

**píotsa** *(m)*
*pizza*

### PRÍOMHCHÚRSA *(m)*
### *MAIN COURSE*

**stéig** *(f)*
*steak*

**paella**
*paella*

**uaineoil** *(f)*
*lamb*

**curaí** *(m)*
*curry*

**millíní feola** *(m)*
*meatballs*

**sicín** *(m)*
*chicken*

## bia aisteach agus iontach • *Weird and wonderful foods*

**ceathrúna froganna** *(f)*
*frogs' legs*

**anraith neantóg** *(m)*
*stinging nettle soup*

**tarantúlaí friochta** *(m)*
*fried tarantulas*

### PRÍOMHCHÚRSA *(m)*
### *MAIN COURSE*

**sailéad** *(m)*
*salad*

**tapas**
*tapas*

**tófú** *(m)*
*tofu*

**spaigití** *(m)*
*spaghetti*

**uibheagán** *(m)*
*omelette*

### MILSEOG *(f)*
### *DESSERT*

**uachtar reoite** *(m)*
*ice cream*

**sailéad torthaí** *(m)*
*fruit salad*

**cístíní cupa** *(m)*
*cupcakes*

**pancóga** *(f)*
*pancakes*

**gateau**
*gateau*

## Torthaí agus glasraí • *Fruit and vegetables*

Is páirteanna de phlandaí iad torthaí agus glasraí. Is é an toradh an chuid sin den phlanda ina mbíonn na síolta. Fréamhacha, duilleoga nó gais an phlanda is ea na glasraí.

*Fruit and vegetables are parts of plants. A fruit is the part of a plant that contains its seeds, pips, or stone. Vegetables are the roots, leaves, or stems of a plant.*

**sútha talún (f)**
*strawberries*

**oinniún (m)**
*onion*

**piobair (m)**
*peppers*

**abhacáid (m)**
*avocados*

**piseanna (f)**
*peas*

**trátaí (m)**
*tomatoes*

**cairéid (m),
meacain
dhearga (m)**
*carrots*

**péitseoga (f)**
*peaches*

**figí (f)**
*figs*

**líomóidí (f)**
*lemons*

**puimcíní (m)**
*pumpkins*

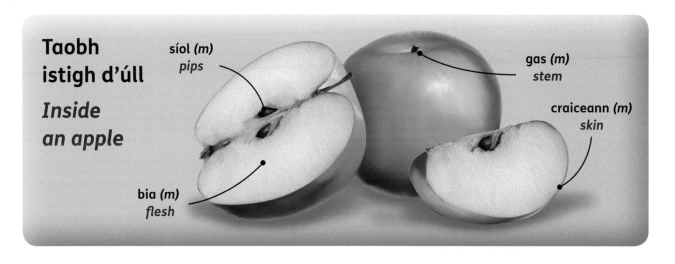

**Taobh istigh d'úll**

*Inside an apple*

síol (m)
*pips*

gas (m)
*stem*

craiceann (m)
*skin*

bia (m)
*flesh*

oráistí (m)
*oranges*

silíní (m)
*cherries*

cúcamair (m)
*cucumber*

prátaí (m)
*potatoes*

bananaí (m)
*bananas*

arbhar milis (m)
*sweetcorn*

cabáiste (m)
*cabbage*

mealbhacán uisce (m)
*watermelon*

pónairí glasa (f)
*green beans*

piorraí (m)
*pears*

27

## Gnáthéadaí • *Everyday clothes*

Tugann éadaí cosaint don cholainn agus coinníonn siad deas glan, te agus tirim thú. Cuireann siad slacht breá ort freisin!

*Clothes protect your body and help to keep you clean, warm, and dry. They can make you look good too!*

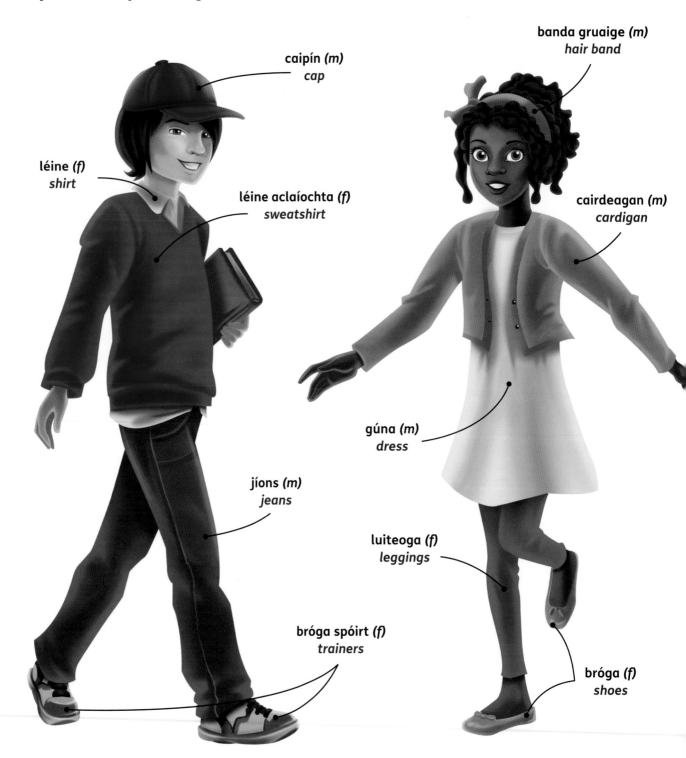

banda gruaige *(m)*
*hair band*

caipín *(m)*
*cap*

léine *(f)*
*shirt*

léine aclaíochta *(f)*
*sweatshirt*

cairdeagan *(m)*
*cardigan*

gúna *(m)*
*dress*

jíons *(m)*
*jeans*

luiteoga *(f)*
*leggings*

bróga spóirt *(f)*
*trainers*

bróga *(f)*
*shoes*

**hata (m)**
*hat*

**scairf (f)**
*scarf*

**miotóga (f),
lámhainní (f)**
*gloves*

**t-léine (f)**
*T-shirt*

**barréide spóirt (f)**
*tracksuit top*

**cóta (m)**
*coat*

**bríste gearr (m)**
*shorts*

**riteoga (f)**
*tights*

**sciorta (m)**
*skirt*

**stocaí (m)**
*socks*

**buataisí (f)**
*boots*

**bróga peile (f)**
*football boots*

## Cineálacha éagsúla éadaí • *All sorts of clothes*

Ar an leathanach seo feicfidh tú cultacha stairiúla ón Róimh, ón Eoraip agus ón tSeapáin san am atá caite. Tá samplaí ar an leathanach thall d'éadaí as tíortha éagsúla.

*On this page you can see some historical costumes from ancient Rome, Europe, and Japan. The opposite page includes some examples of clothes from different countries.*

**banimpire Seapánach (m)**
*Japanese empress*

fean (m)
*fan*

cimeonó (m)
*kimono*

**banríon Mheánaoiseach (f)**
*medieval queen*

coróin (f)
*crown*

fallaing (f)
*cloak*

**ridire Meánaoiseach (m)**
*medieval knight*

lúireach (f)
*breastplate*

cathéide (f)
*suit of armour*

**sean-Rómhánach (m)**
*ancient Roman*

toga (m)
*toga*

cuaráin (m)
*sandals*

**gaiscíoch Samúraí Seapánach (m)**
*Japanese samurai warrior*

clogad (m)
*helmet*

lámhainn fhada (f)
*gauntlet*

seaicéad (m)
*jacket*

filleadh
beag (m)
*kilt*

naprún (m)
*apron*

blús (m)
*blouse*

sáirí (m)
*sari*

paitíní (m)
*clogs*

carbhat (m)
*tie*

culaith (f)
*suit*

turban (m)
*turban*

hata ard (m)
*top hat*

bástcóta (m)
*waistcoat*

caille (f)
*veil*

gúna
pósta (m)
*wedding
dress*

## Ar scoil • *At school*

Téann formhór leanaí an domhain ar scoil. I dtíortha áirithe, tosaíonn leanaí ar scoil nuair a bhíonn siad 4 bliana d'aois, ach i dtíortha eile bíonn siad 7 mbliana d'aois. Foghlaimíonn tú scileanna an-tábhachtacha ar scoil agus déanann tú staidéar ar réimse ábhar a chuidíonn leat tuiscint a fháil ar an domhan i do thimpeall.

*Most children have to go to school. In some countries, children start school at age four, in other countries they start at age seven. At school, you learn and practise some very important skills. You study a range of subjects that help you understand the world around you.*

**clog *(m)***
*clock*

**amchlár *(m)***
*timetable*

**cairt bhalla *(f)***
*wall chart*

# School and work

## Ceachtanna (m) • Lessons

Béarla (m) – English
Stair (f) – History
Tíreolaíocht (f) – Geography
Eolaíocht (f) – Science
Matamaitic (f) – Maths
Teicneolaíocht (f) – Technology
Ceol (m) – Music
Ealaín (f) – Art

obair bhaile (f) – homework
obair chúrsa (f) – coursework
tionscadal (m) – project
scrúdú (m) – exam

clár bán (m) • whiteboard

**1** deasc (f)
desk

**2** áireamhán (m)
calculator

**3** cóipleabhar (m)
exercise book

**4** téacsleabhar (m)
text book

**5** comhad (m)
file

**6** bloc páipéir (m)
writing pad

**7** rialóir (m)
ruler

**8** cruinneog (f)
globe

**9** stáplóir (m)
stapler

**10** peann (m)
pen

**11** peann luaidhe (m)
pencil

**12** scriosán (m)
rubber

## Obair de gach cineál • *All sorts of work*

Tá mórán cineálacha eagsúla oibre ann. Cén cineál oibre a dhéanfaidh tusa amach anseo? Ar mhaith leat bheith ag obair le ríomhairí? Nó b'fhéidir le hainmhithe? D'fhéadfá triail a bhaint as go leor cineálacha post.

*There are so many different types of work. What kind of work do you want to do? You may be interested in working with computers. Or would you like to work with animals? Think of all the jobs you could try.*

**innealtóir (m)**
*engineer*

**ailtire (m)**
*architect*

**tréidlia (m)**
*vet*

**tiománaí bus (m)**
*bus driver*

**chef**
*chef*

**dlíodóir (m)**
*lawyer*

**altra (m)**
*nurse*

**tuairisceoir (m)**
*reporter*

**póilín (m)**
*police officer*

**múinteoir (m)**
*teacher*

**Trealamh agus éadach oibre • *Work equipment and clothing***

*Teastaíonn trealamh agus éadach speisialta ó dhaoine áirithe chun a gcuid oibre a dhéanamh. Caitheann tógálaithe, tumadóirí agus lucht múchta dóiteán éadach speisialta chun iad a choinneáil sábháilte. Caitheann máinlianna éadach áirithe chun nach scaiptear frídíní.*

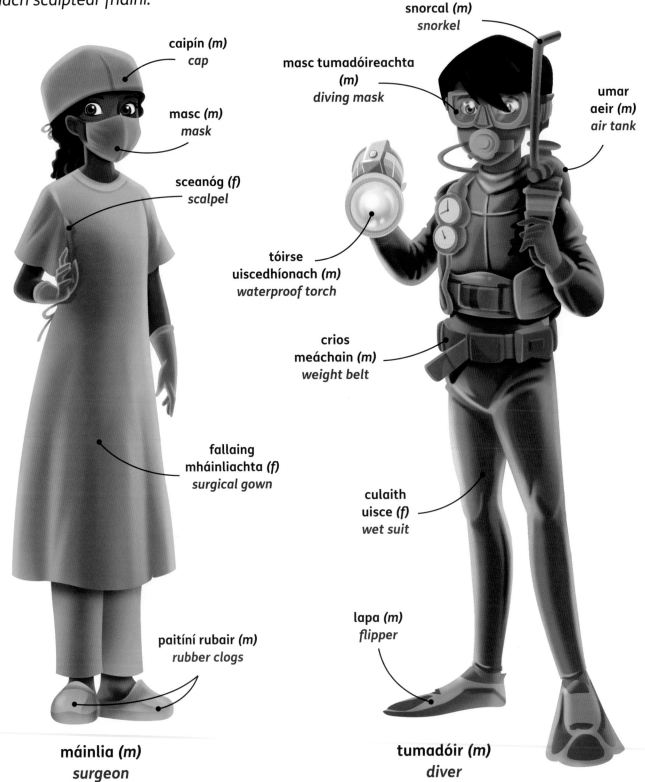

caipín *(m)*
*cap*

masc *(m)*
*mask*

sceanóg *(f)*
*scalpel*

fallaing
mháinliachta *(f)*
*surgical gown*

paitíní rubair *(m)*
*rubber clogs*

**máinlia *(m)***
*surgeon*

snorcal *(m)*
*snorkel*

masc tumadóireachta
*(m)*
*diving mask*

umar
aeir *(m)*
*air tank*

tóirse
uiscedhíonach *(m)*
*waterproof torch*

crios
meáchain *(m)*
*weight belt*

culaith
uisce *(f)*
*wet suit*

lapa *(m)*
*flipper*

**tumadóir *(m)***
*diver*

# School and work

Some people need special equipment and clothing to do their work. Builders, divers, and firefighters wear special clothes to keep themselves safe. Surgeons wear clothing that stops germs spreading.

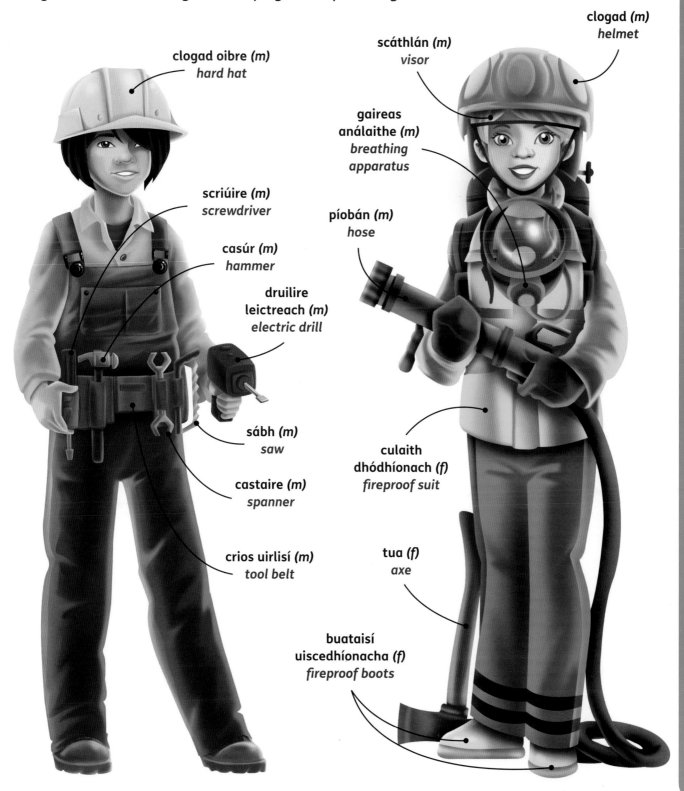

**clogad oibre (m)**
*hard hat*

**scriúire (m)**
*screwdriver*

**casúr (m)**
*hammer*

**druilire leictreach (m)**
*electric drill*

**sábh (m)**
*saw*

**castaire (m)**
*spanner*

**crios uirlisí (m)**
*tool belt*

**clogad (m)**
*helmet*

**scáthlán (m)**
*visor*

**gaireas análaithe (m)**
*breathing apparatus*

**píobán (m)**
*hose*

**culaith dhódhíonach (f)**
*fireproof suit*

**tua (f)**
*axe*

**buataisí uiscedhíonacha (f)**
*fireproof boots*

**tógálaí (m)**
*builder*

**fear múchta dóiteán (m), bean mhúchta dóiteán (f)**
*firefighter*

## Spórt • *Sports*

Tá spórt tábhachtach – coinníonn sé aclaí muid agus bíonn spraoi againn. Oibríonn lúthchleasaithe gairmiúla ar fud an domhain go dian chun páirt a ghlacadh i gcomórtais mhóra, cosúil leis na Cluichí Oilimpeacha. Tá dhá chomórtas Oilimpeach ann – na cluichí samhraidh agus na cluichí geimhridh.

*Sport is important, it keeps us fit and is fun. Professional athletes all over the world train hard to compete in top competitions, such as the Olympics. There are two Olympics – one in summer and one in winter.*

**peil** *(f)*
*football*

**leadóg** *(f)*
*tennis*

**cluiche corr** *(m)*
*baseball*

**rugbaí** *(m)*
*rugby*

**gleacaíocht** *(f)*
*gymnastics*

**eitpheil** *(f)*
*volleyball*

**boghdóireacht** *(f)*
*archery*

**rothaíocht** *(f)*
*cycling*

**lúthchleasaíocht** *(f)*
*athletics*

## Peil *(f)* • *Football*

**réiteoir** *(m)* • *referee*

**sábháil** • *to save*

**scóráil** • *to score*

**cúl** *(m)* • *goal*

**cic éirice** *(m)* • *penalty*

**cic saor** *(m)* • *free kick*

**cosantóir** *(m)* • *defender*

**cúl báire** *(m)* • *goalkeeper*

**tosai** *(m)* • *striker*

**cispheil** *(f)*
*basketball*

**júdó** *(m)*
*judo*

**cruicéad** *(m)*
*cricket*

**galf** *(m)*
*golf*

**snámh** *(m)*
*swimming*

**haca oighir** *(m)*
*ice hockey*

## Spórt á imirt • *Sports in action*

Bíonn go leor gníomhaíochta i gceist le gach cineál spóirt. Bíonn rith i gceist le mórán spórt, ach is iomaí gníomh eile a bhíonn i gceist freisin.

*Taking part in any kind of sport means a lot of action! Running is part of many sports but there are many of other activities too.*

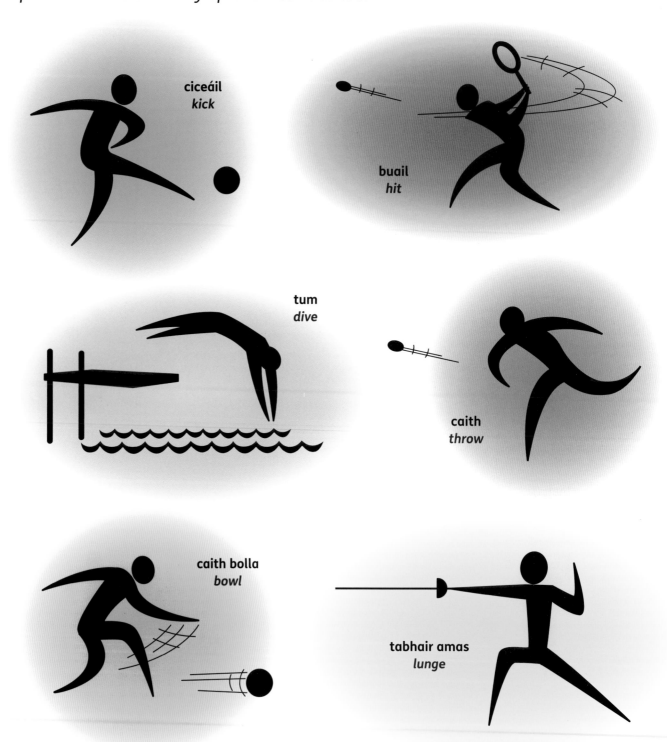

ciceáil
*kick*

buail
*hit*

tum
*dive*

caith
*throw*

caith bolla
*bowl*

tabhair amas
*lunge*

**beir**
*catch*

**scaoil**
*shoot*

**léim**
*jump*

**sleamhnaigh**
*glide*

**scátáil**
*skate*

**déan marcaíocht ar**
*ride*

**céaslaigh**
*paddle*

## Cluichí agus caitheamh aimsire
### *Games and leisure*

Tá daoine ag imirt cluichí ar fud an domhain leis na cianta. Tá ficheall, eitleoga agus yó-yóanna thart le fada an lá. Tá cluichí leictreonacha nua go maith.

*People all over the world have been playing games for centuries. Chess, kites, and yo-yos have a very long history. Electronic games are a recent invention.*

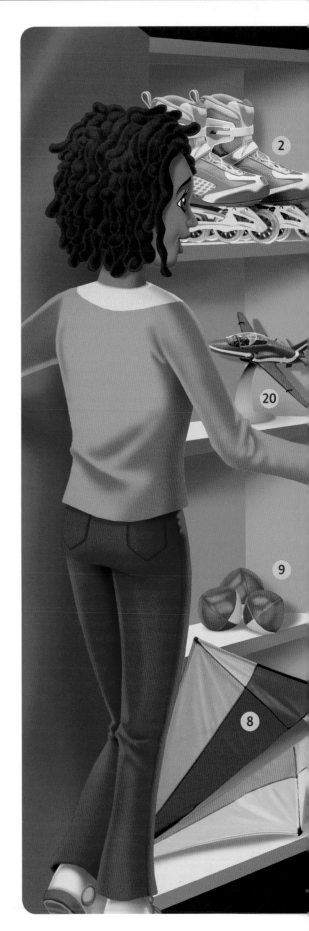

**1** clár scátála *(m)*
skateboard

**2** lanna rollála *(f)*
rollerblades

**3** liathróid *(f)*
football

**4** raicéad *(m)*
racket

**5** eiteán *(m)*
shuttlecock

**6** slacán *(m)*
bat

**7** yó-yó *(m)*
yo-yo

**8** eitleog *(f)*
kite

**9** liathróidí lámhchleasaíochta *(f)*
juggling balls

**10** clár fichille *(m)*
chessboard

**11** fir fichille *(m)* chess
pieces

**12** cluasáin *(m)*
earphones

**13** míreanna mearaí *(f)*
jigsaw puzzle

**14** cluiche cláir *(m)*
board game

**15** iris *(f)*
magazine

**16** úrscéal *(m)*
novel

**17** físdiosca digiteach *(m)*
DVD

**18** seinnteoir ceoil *(m)*
music player

**19** consól cluichí *(m)*
games console

**20** mionsamhail *(f)*
model

**Ealaín**

## Ealaín • *Art*

Uaireanta spreagtar daoine chun ealaín a chruthú nuair a fheiceann siad rudaí ina dtimpeall, uaireanta eile is í an tsamhlaíocht a spreagann iad. Úsáidtear péint, ceamaraí, cré no fiú marmar chun ealaín a chruthú. Tá saothar ealaíontóirí cáiliúla le feiceáil i ngailearaithe ar fud an domhain.

*People create art by observing what they see around them, or by using their imagination. We can use paints, cameras, clay, or even marble to create art. You can see the work of famous artists in galleries around the world.*

**portráid (f)**
*portrait*

**sceitse (m)**
*sketch*

**grianghraf (m), fótagraf (m)**
*photograph*

**ábhar neamhbheo (m)**
*still life*

**tírdhreach uiscedhathanna (m)**
*watercolour landscape*

**cartún (m)**
*cartoon*

## Trealamh an ealaíontóra *(m)* • *Artist's equipment*

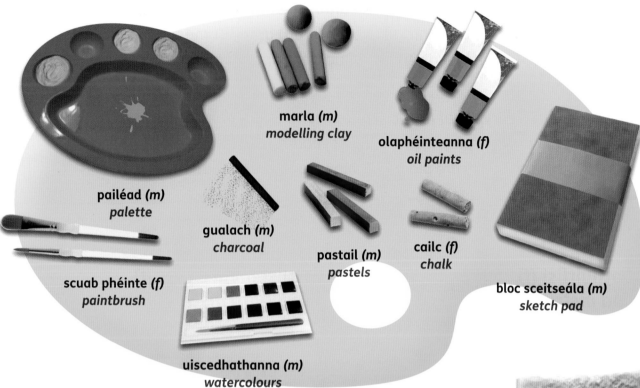

**marla *(m)***
*modelling clay*

**olaphéinteanna *(f)***
*oil paints*

**pailéad *(m)***
*palette*

**gualach *(m)***
*charcoal*

**pastail *(m)***
*pastels*

**cailc *(f)***
*chalk*

**bloc sceitseála *(m)***
*sketch pad*

**scuab phéinte *(f)***
*paintbrush*

**uiscedhathanna *(m)***
*watercolours*

**gloine dhaite *(f)***
*stained glass*

**taipéis *(f)***
*tapestry*

**graifítí *(m)***
*graffiti*

**dealbh *(f)***
*sculpture*

## Uirlisí ceoil • *Musical instruments*

Ceithre phríomhchineál uirlis cheoil átá ann. Tá téada ar théaduirlisí a phioctar nó a sheinntear le bogha. Bíonn eochracha le brú ar uirlisí méarchláir. Seinntear gaothuirlisí trí aer a shéideadh tríothu. Buailtear ar chnaguirlisí chun ceol a bhaint astu.

*There are four main types of musical instrument. Stringed instruments have strings to pluck or play with a bow. Keyboard instruments have keys to press. Wind instruments are played by blowing air through them. Percussion instruments are banged to make noise.*

### Gaothuirlisí *(f)*
### *Wind instruments*

### Uirlisí méarchláir *(f)*
### *Keyboard instruments*

**sintéiseoir** *(m)*
*synthesizer*

**trumpa** *(m)*
*trumpet*

**painphíoba** *(f)*
*panpipes*

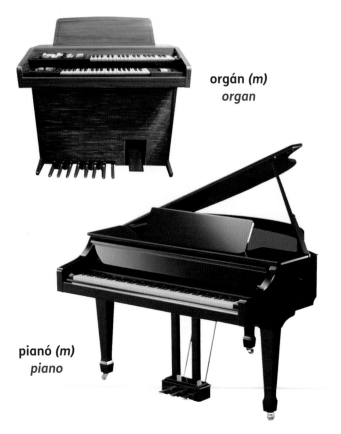

**orgán** *(m)*
*organ*

**pianó** *(m)*
*piano*

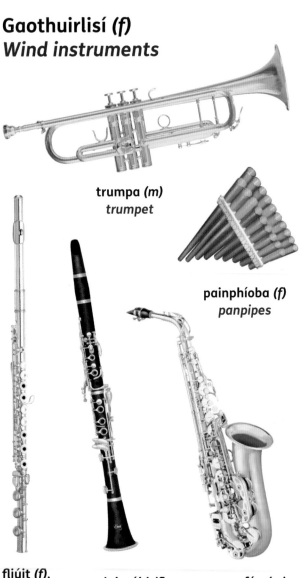

**fliúit** *(f)*,
**feadóg mhór** *(f)*
*flute*

**clairnéid** *(f)*
*clarinet*

**sacsafón** *(m)*
*saxophone*

## Téaduirlisí *(f)* • *Stringed instruments*

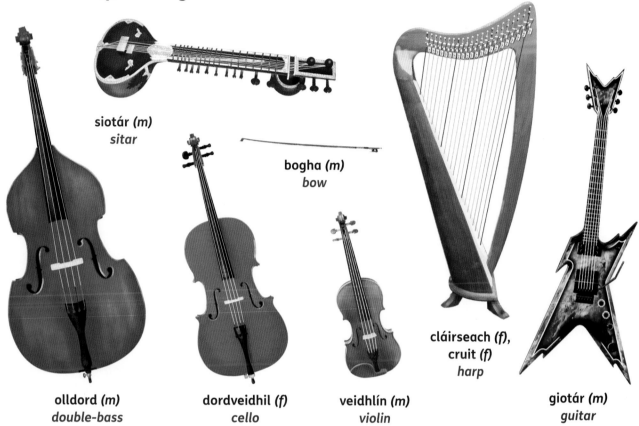

**siotár *(m)***
*sitar*

**bogha *(m)***
*bow*

**olldord *(m)***
*double-bass*

**dordveidhil *(f)***
*cello*

**veidhlín *(m)***
*violin*

**cláirseach *(f)*,
cruit *(f)***
*harp*

**giotár *(m)***
*guitar*

## Cnaguirlisí *(f)*
*Percussion instruments*

**maracas**
*maracas*

**tambóirín *(m)***
*tambourine*

**ciombail *(m)***
*cymbals*

**drumaí *(m)***
*drums*

**tabla *(m)***
*tabla*

## Ceol agus damhsa • *Music and dance*

Is breá le daoine ar fud an domhain bheith ag déanamh cineálacha éagsúla ceoil agus damhsa. Bíonn ceol á sheinm ag ceolfhoirne móra, ag bannaí beaga agus ag daoine aonair. Is féidir leat damhsa i d'aonar, le duine eile nó i ngrúpa.

*People around the world love to create different types of music and dance.*
*Music can be played by a large orchestra, by a small band, or by a solo performer.*
*You can dance alone, with a partner, or in a group.*

**ceol clasaiceach *(m)***
*classical*

**rac-cheol *(m)***
*rock*

**snagcheol *(m)***
*jazz*

**popcheol *(m)***
*pop*

**ceol tíre *(m)***
*folk*

Ceol agus damhsa

# Art, music, and entertainment

**reigé (m)**
*reggae*

**rapcheol (m)**
*rap*

**anamcheol (m)**
*soul*

**ceol domhanda (m)**
*world music*

## Damhsa (m), rince (m) • Dance

**cniogdhamhsa (m)**
*tap dancing*

**brisdamhsa (m)**
*breakdancing*

**damhsa bálseomra (m)**
*ballroom dancing*

**bailé (m)**
*ballet*

**Teilifís, scannáin agus amharclannaíocht**

## Teilifís, scannáin agus amharclannaíocht
*TV, film, and theatre*

Tá comhoibriú an-tábachtach nuair atá seó á dhéanamh don teilifís, don phictiúrlann nó don amharclann. Bíonn go leor daoine agus trealaimh ag teastáil chun ócáid bheo a thaifeadadh, ócáid ar nós seó tallainne in amharclann

*Teamwork is important when a show is being made for television, cinema, or the theatre. A lot of people and equipment are needed to film a live event, such as a talent show in a theatre.*

**1** ceamaradóir *(m)*
*camera operator*

**2** innealtóir fuaime *(m)*
*sound engineer*

**3** stiúrthóir *(m)*
*director*

**4** ceamara *(m)*
*camera*

**5** stáitse *(m)*, ardán *(m)*
*stage*

**6** spotsolas *(m)*
*spotlight*

**7** micreafón *(m)*
*microphone*

**8** amhránaí *(m)*
*singer*

**9** damhsóir *(m)*, rinceoir *(m)*
*dancer*

**10** aisteoir *(m)*
*actor*

**11** culaith *(f)*
*costume*

**12** radharcra *(m)*
*scenery*

**13** bainisteoir stáitse *(m)*
*stage manager*

**14** scáileán monatóra *(m)*
*monitor screen*

**15** clabaire *(m)*
*clapperboard*

**16** brait *(m)*
*curtains*

**17** léiritheoir *(m)*
*producer*

**18** lucht féachana *(m)*
*audience*

**Cláir theilifíse agus scannáin** (vertical, left margin)

## Cláir theilifíse agus scannáin • *TV shows and films*

Cad iad na scannáin agus na cláir theilifíse a thaitníonn leat? An fearr leat cláir ghrinn nó scannáin a spreagann d'intinn? Léiríonn cláir agus scannáin áirithe an saol mar atá. Bíonn cinn eile bunaithe ar an tsamhlaíocht.

*What kind of films and TV shows do you like? Do you prefer comedies or films that make you think? Some films and TV programmes show real events. Others show imaginary situations.*

**scannán uafáis (m)**
*horror*

**clár/scannán ficsin eolaíochta agus fantaisíochta (m)**
*science fiction and fantasy*

**clár/scannán aicsin agus eachtraíochta (m)**
*action and adventure*

**clár/scannán grinn (m)**
*comedy*

# Art, music, and entertainment

**cartún (m)**
*cartoon*

**clár nuachta (m)**
*news programme*

**clár spóirt (m)**
*sports programme*

**seó cainte (m)**
*talk show*

**clár faisnéise faoin dúlra (m)**
*nature documentary*

**seo cluichí (m)**
*game show*

## Feithiclí paisinéirí (f) • *Passenger vehicles*

Is iomaí modh taistil atá ann. Is féidir leat úsáid a bhaint córas iompair poiblí (m), nó d'fheithicil féin, arothar nó carr mar shampla.

*There are many ways to travel. You can go by public transport, such as the train, bus, or tube, or you can use your own vehicle, such as a bicycle or a car.*

### Páirteanna an chairr • *Parts of a car*

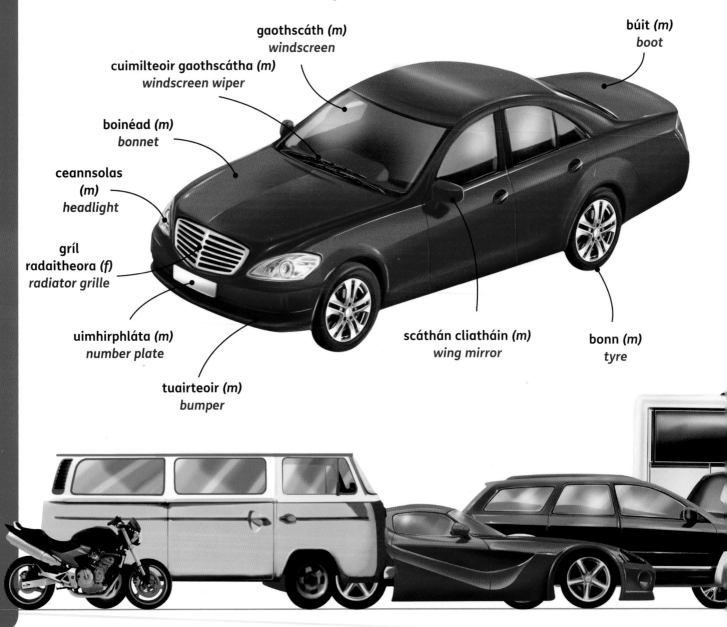

gaothscáth (m)
*windscreen*

búit (m)
*boot*

cuimilteoir gaothscátha (m)
*windscreen wiper*

boinéad (m)
*bonnet*

ceannsolas (m)
*headlight*

gríl radaitheora (f)
*radiator grille*

uimhirphláta (m)
*number plate*

tuairteoir (m)
*bumper*

scáthán cliatháin (m)
*wing mirror*

bonn (m)
*tyre*

gluaisrothar (m)
*motorbike*

veain campála (f)
*campervan*

carr spóirt (m)
*sports car*

carr fada (m)
*estate car*

## Ag dul suas! • *Going up!*

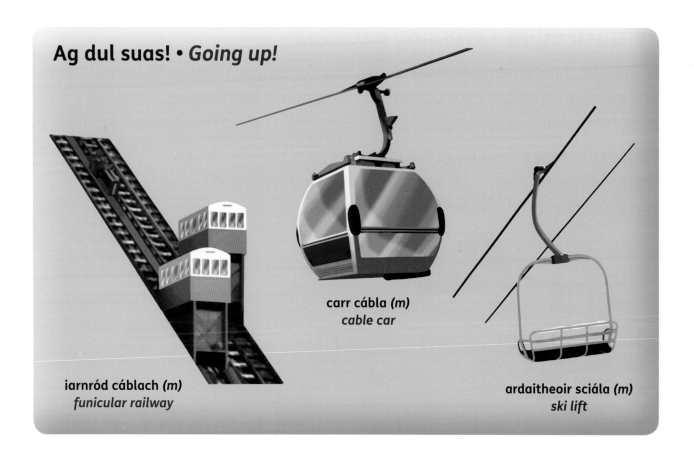

**carr cábla (m)**
*cable car*

**iarnród cáblach (m)**
*funicular railway*

**ardaitheoir sciála (m)**
*ski lift*

**traein (f)** • *train*

**cóiste (m)**
*coach*

**SUV**
*SUV*

**móipéid (f)**
*moped*

**tacsaí (m)**
*taxi*

**rothar (m)**
*bicycle*

**Feithiclí oibre**

## Feithiclí oibre • *Working vehicles*

Is iomaí jab tábhachtach a dhéanann feithiclí.  Iompraíonn siad lastaí troma, bíonn siad ag ardú, ag rolladh agus ag tochailt.  Iompraíonn leoraithe agus tancaeir lastaí móra troma agus cuireann feithiclí éigeandála cabhair riachtanach ar fáil.

*Vehicles do many important jobs, such as transporting heavy loads, lifting, rolling and digging. Lorries and tankers transport heavy loads. Emergency vehicles provide essential help.*

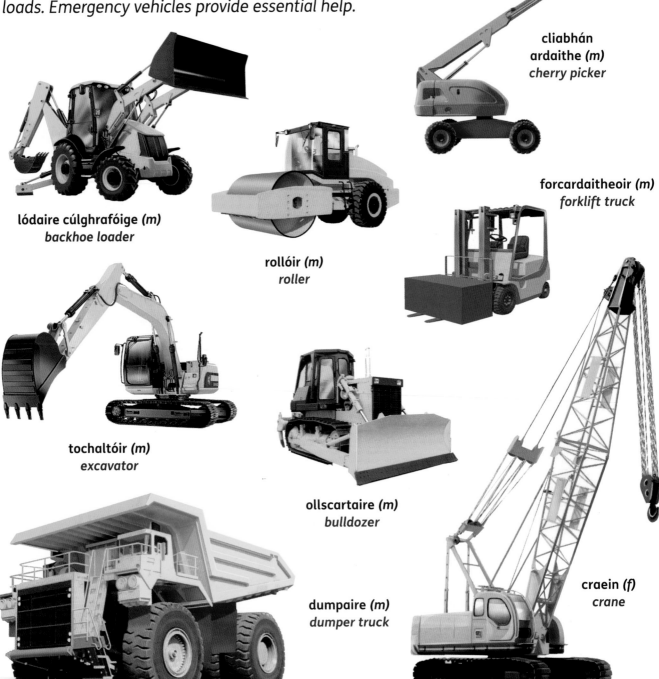

**cliabhán ardaithe** *(m)*
*cherry picker*

**forcardaitheoir** *(m)*
*forklift truck*

**lódaire cúlghrafóige** *(m)*
*backhoe loader*

**rollóir** *(m)*
*roller*

**tochaltóir** *(m)*
*excavator*

**ollscartaire** *(m)*
*bulldozer*

**craein** *(f)*
*crane*

**dumpaire** *(m)*
*dumper truck*

**otharcharr (m)**
*ambulance*

**inneall dóiteáin (f)**
*fire engine*

**feithicil amfaibiach (f)**
*amphibious vehicle*

**mótar sneachta (m)**
*snowmobile*

**veain seachadta (m)**
*delivery van*

**carr póilíní (m)**
*police car*

**leoraí scipe (m)**
*skip truck*

**iompróir carranna (m)**
*car transporter*

**céachta sneachta (m)**
*snow plough*

**leoraí measctha coincréite (f)**
*mixer truck*

**feithicil earraí troma (f)**
*heavy goods vehicle*

Aerárthaí

## Aerárthaí • *Aircraft*

Is féidir aerárthaí a thiomáint le scairdinneall, le liáin nó le lanna rótair. Ardaíonn balún te mar go mbíonn an t-aer taobh istigh den bhalún níos éadroime ná an t-aer atá timpeall air. Seolann faoileoirí ar shruthanna gaoithe a dtugtar teirmigh orthu.

*Aircraft are powered by jet engines, by propellers, or by rotor blades. A hot air balloon rises up because the air inside its envelope is lighter than the surrounding air. Gliders ride on currents of air, called thermals.*

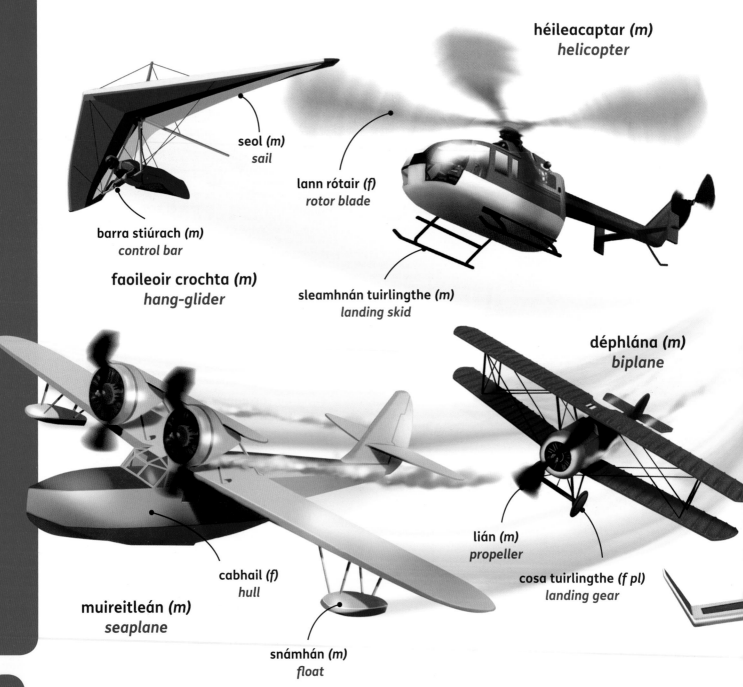

**héileacaptar (*m*)**
*helicopter*

**seol (*m*)**
*sail*

**lann rótair (*f*)**
*rotor blade*

**barra stiúrach (*m*)**
*control bar*

**faoileoir crochta (*m*)**
*hang-glider*

**sleamhnán tuirlingthe (*m*)**
*landing skid*

**déphlána (*m*)**
*biplane*

**lián (*m*)**
*propeller*

**cabhail (*f*)**
*hull*

**cosa tuirlingthe (*f pl*)**
*landing gear*

**muireitleán (*m*)**
*seaplane*

**snámhán (*m*)**
*float*

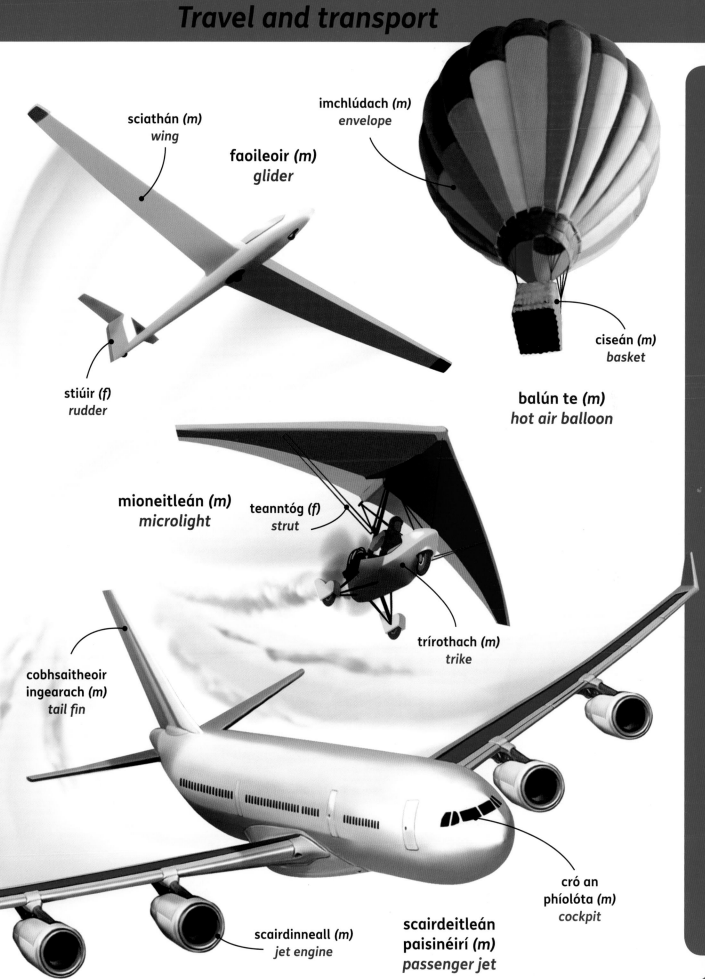

**sciathán (m)**
*wing*

**imchlúdach (m)**
*envelope*

**faoileoir (m)**
*glider*

**ciseán (m)**
*basket*

**stiúir (f)**
*rudder*

**balún te (m)**
*hot air balloon*

**mioneitleán (m)**
*microlight*

**teanntóg (f)**
*strut*

**trírothach (m)**
*trike*

**cobhsaitheoir ingearach (m)**
*tail fin*

**cró an phíolóta (m)**
*cockpit*

**scairdinneall (m)**
*jet engine*

**scairdeitleán paisinéirí (m)**
*passenger jet*

## Longa, báid, agus soithí eile
### Ships, boats, and other craft

Sa lá atá inniu ann, bíonn inneall de chineál éigin i bhformhór na long agus na mbád mór. Braitheann báid seoil ar chumhacht na gaoithe. Bíonn maidí rámha i mbád iomartha agus bíonn céasla i gcanú.

*Today, most large ships and boats have some kind of engine. Sailing boats rely on wind power. A rowing boat has a set of oars, and a canoe has a paddle.*

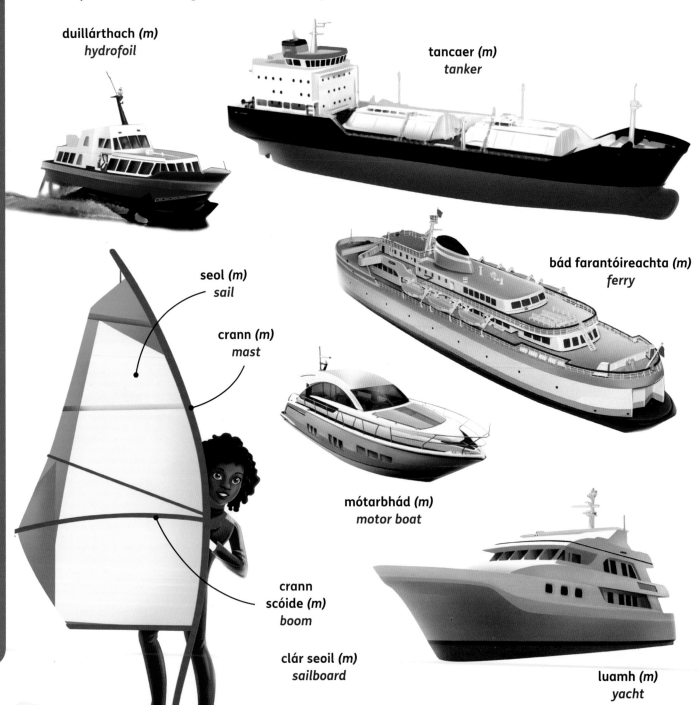

**duillárthach (m)**
*hydrofoil*

**tancaer (m)**
*tanker*

**seol (m)**
*sail*

**crann (m)**
*mast*

**bád farantóireachta (m)**
*ferry*

**mótarbhád (m)**
*motor boat*

**crann scóide (m)**
*boom*

**clár seoil (m)**
*sailboard*

**luamh (m)**
*yacht*

## Páirteanna na loinge
### Parts of a ship

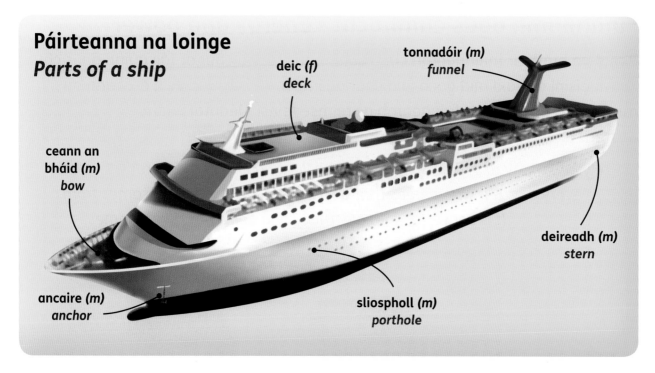

**deic (f)**
*deck*

**tonnadóir (m)**
*funnel*

**ceann an bháid (m)**
*bow*

**deireadh (m)**
*stern*

**ancaire (m)**
*anchor*

**sliospholl (m)**
*porthole*

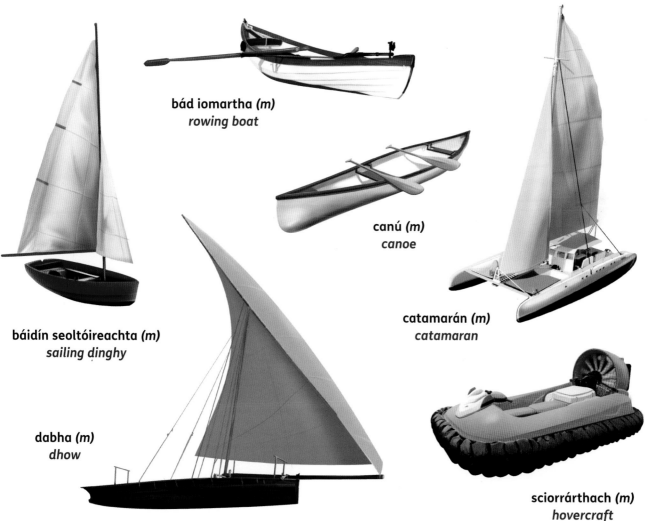

**bád iomartha (m)**
*rowing boat*

**canú (m)**
*canoe*

**báidín seoltóireachta (m)**
*sailing dinghy*

**catamarán (m)**
*catamaran*

**dabha (m)**
*dhow*

**sciorrárthach (m)**
*hovercraft*

## Fuinneamh agus cumhacht • *Energy and power*

Bímid ag brath ar fhuinneamh chun solas agus teas a chur ar fáil dúinn agus chun na meaisíní a úsáidimid gach lá a chur ag imeacht. Ach, cad as a dtagann an fuinneamh sin? Tagann fuinneamh as réimse foinsí. Déantar leictreachas as agus cuirtear an leictreachas sin ar fáil dúinn sa bhaile.

*We rely on energy to supply our homes with light and heat and to run the machines we use every day. But where does that energy come from? Energy comes from a range of sources. It is converted into electricity and delivered to our homes.*

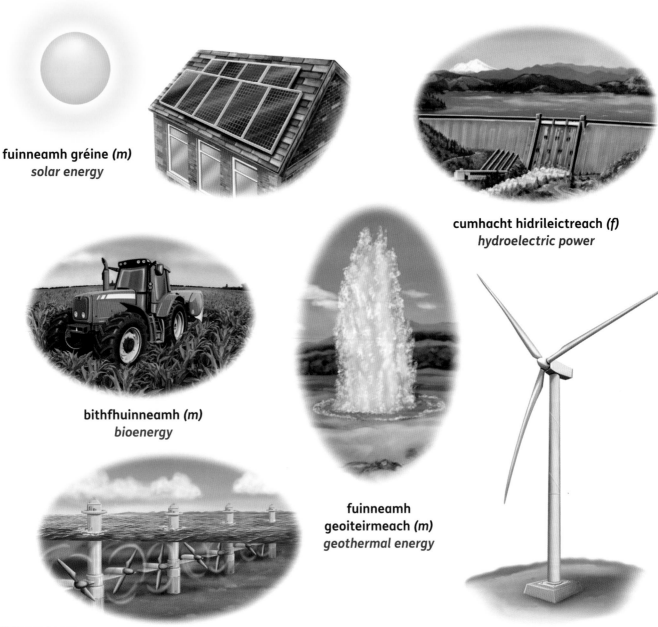

**fuinneamh gréine** *(m)*
*solar energy*

**cumhacht hidrileictreach** *(f)*
*hydroelectric power*

**bithfhuinneamh** *(m)*
*bioenergy*

**fuinneamh geoiteirmeach** *(m)*
*geothermal energy*

**fuinneamh taoide** *(m)*
*tidal energy*

**cumhacht gaoithe** *(f)*
*wind power*

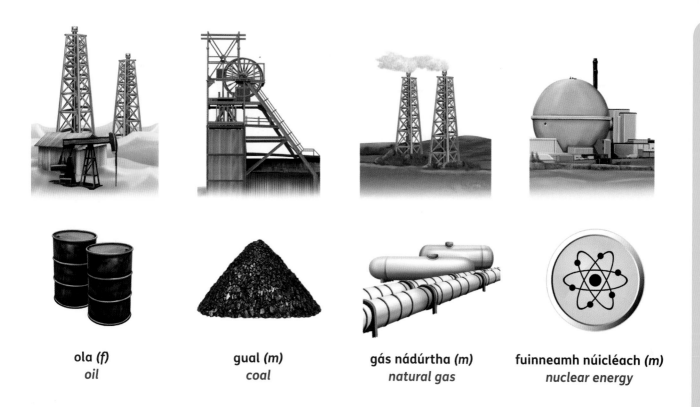

**ola *(f)***
*oil*

**gual *(m)***
*coal*

**gás nádúrtha *(m)***
*natural gas*

**fuinneamh núicléach *(m)***
*nuclear energy*

## Siombailí ciorcad leictreach *(m)* • *Electrical circuit symbols*

Gluaiseann leictreachas trí chiorcad. Bíonn roinnt comhpháirteanna sa chiorcad, lasc, sreang agus bolgán solais mar shampla. Léirítear ciorcaid leictreacha mar léaráidí. I léaráidí de chiorcaid bíonn siombail le haghaidh gach comhpháirt ar leith.

*Electricity runs through a circuit. The circuit includes several components or parts, such as a switch, a wire, and a light bulb. Electrical circuits can be shown as diagrams. Circuit diagrams have symbols to represent each component.*

**léaráid de chiorcad *(f)***
*circuit diagram*

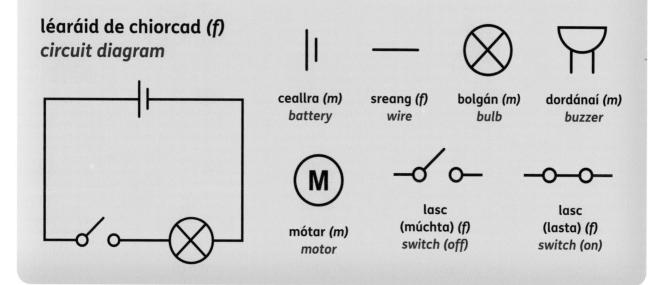

**ceallra *(m)***
*battery*

**sreang *(f)***
*wire*

**bolgán *(m)***
*bulb*

**dordánaí *(m)***
*buzzer*

**mótar *(m)***
*motor*

**lasc (múchta) *(f)***
*switch (off)*

**lasc (lasta) *(f)***
*switch (on)*

## Gach cineál bunábhar • *All kinds of materials*

Bíonn saintréithe difriúla ag bunábhair éagsúla. Bíonn siad trom nó éadrom, solúbtha nó dolúbtha. Seolann sruth leictreach trí ábhar áirithe go furasta, seoltóirí a thugtar orthu. Ní sheolann sruth leictreach trí ábhair eile, inslitheoirí a thugtar orthu.

*Materials have different properties. They may be heavy or light, flexible or rigid. A few materials are magnetic (able to attract objects made of iron). Some materials are good conductors and allow an electric current to pass through them. Others are insulators and block electric currents.*

**gloine (f)**
*glass*

**leathar (m)**
*leather*

**páipéar (m)**
*paper*

**plaisteach (m)**
*plastic*

**rubar (m)**
*rubber*

**poirceallán (m)**
*china*

**adhmad (m)**
*wood*

**céir (f)**
*wax*

**olann (f)**
*wool*

**cadás (m)**
*cotton*

# Science and technology

## Saintréithe bunábhar
### Properties of materials

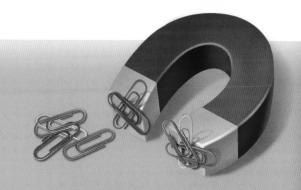

crua • hard
bog • soft
trédhearcach • transparent
teimhneach • opaque
garbh • rough
lonrach • shiny
mín • smooth

maighnéadach • magnetic
neamhlonrach • dull
uiscedhíonach • waterproof
ionsúiteach • absorbent

**ór (m)**
*gold*

**airgead (m)**
*silver*

**cré-umha (m)**
*bronze*

**cloch (f)**
*stone*

**prás (m)**
*brass*

**iarann (m)**
*iron*

**cruach (f)**
*steel*

**copar (m)**
*copper*

Foirgnimh agus struchtúir

## Foirgnimh agus struchtúir • *Buildings and structures*

Ní foláir d'fhoirgnimh agus do struchtúir a bheith an-láidir. Is féidir iad a thogáil as mórán cineálacha ábhar. Úsáideann tógálaithe clocha, adhmad, brící, coincréit, cruach nó gloine - nó meascán de na hábhair sin.

*Buildings and structures need to be very strong. They can be constructed from a wide range of materials. Builders may use stone, wood, bricks, concrete, steel, or glass, or a combination of these materials.*

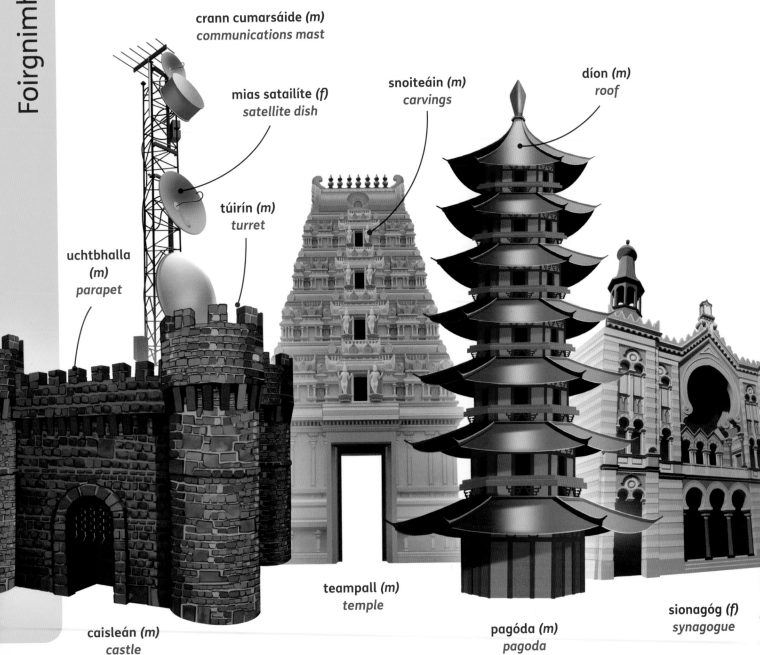

**crann cumarsáide (m)**
*communications mast*

**mias satailíte (f)**
*satellite dish*

**snoiteáin (m)**
*carvings*

**díon (m)**
*roof*

**túirín (m)**
*turret*

**uchtbhalla (m)**
*parapet*

**teampall (m)**
*temple*

**caisleán (m)**
*castle*

**pagóda (m)**
*pagoda*

**sionagóg (f)**
*synagogue*

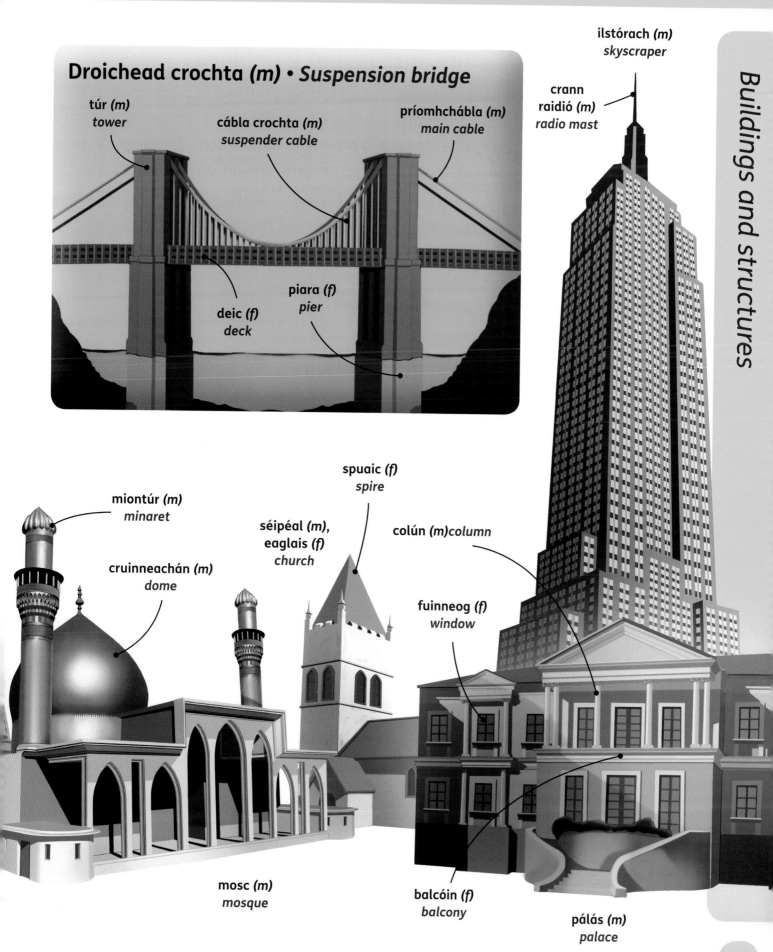

**Droichead crochta (m) • *Suspension bridge***

**túr (m)**
*tower*

**cábla crochta (m)**
*suspender cable*

**príomhchábla (m)**
*main cable*

**ilstórach (m)**
*skyscraper*

**crann
raidió (m)**
*radio mast*

**deic (f)**
*deck*

**piara (f)**
*pier*

**miontúr (m)**
*minaret*

**cruinneachán (m)**
*dome*

**spuaic (f)**
*spire*

**séipéal (m),
eaglais (f)**
*church*

**colún (m)** column

**fuinneog (f)**
*window*

**mosc (m)**
*mosque*

**balcóin (f)**
*balcony*

**pálás (m)**
*palace*

## Fórsaí agus meaisíní • *Forces and machines*

Is é is fórsa ann, brú nó tarraingt a chuireann rud ag gluaiseacht nó a stopann é. Coinníonn móiminteam rud ag gluaiseacht tar éis é a bhrú nó a tharraingt. Oibríonn frithchuimilt ar rudaí chun iad a stopadh ó bheith ag gluaiseacht. Tarraingíonn an fórsa domhantarraingthe rudaí anuas i dtreo dhromchla an Domhain.

*Forces are pushes or pulls that make an object move or make it stop. Momentum keeps objects moving after they have been pushed or pulled. Friction acts on objects to make them stop moving. The force of gravity pulls objects down towards the Earth.*

## Fórsaí ag feidhmiú • *Forces in action*

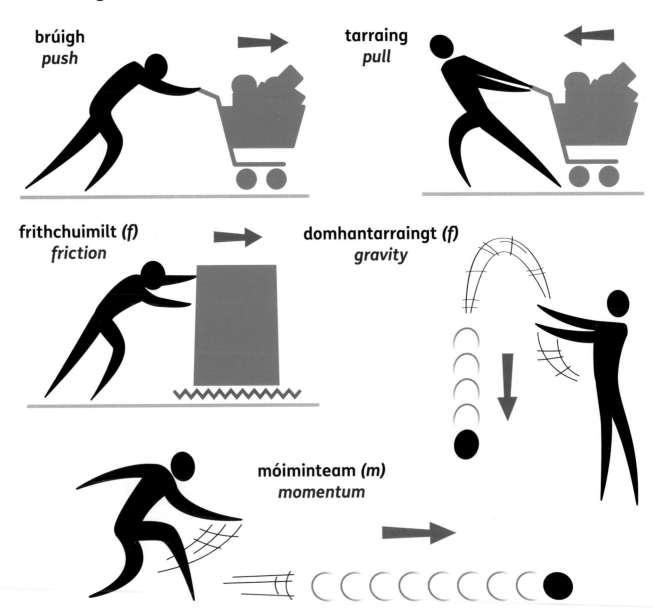

**brúigh**
*push*

**tarraing**
*pull*

**frithchuimilt (f)**
*friction*

**domhantarraingt (f)**
*gravity*

**móiminteam (m)**
*momentum*

## Meaisíní simplí • Simple machines

Baineann meaisíní úsáid as deiseanna brú agus tarraingthe chun ualaí troma a ardú.

*Pushes and pulls can be used in machines to lift heavy loads.*

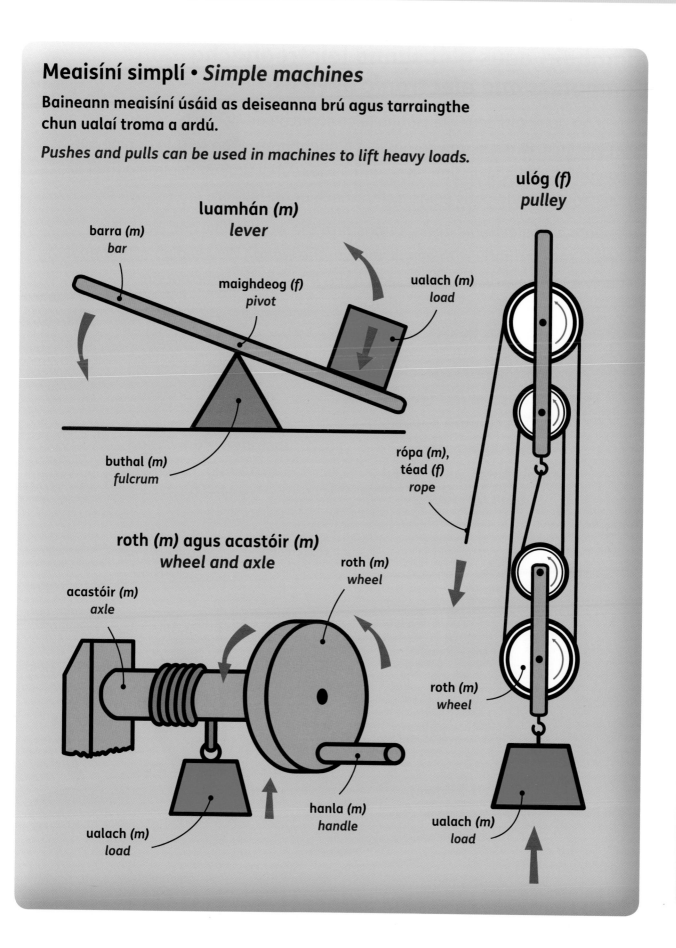

ulóg (f)
*pulley*

luamhán (m)
*lever*

barra (m)
*bar*

maighdeog (f)
*pivot*

ualach (m)
*load*

buthal (m)
*fulcrum*

rópa (m),
téad (f)
*rope*

roth (m) agus acastóir (m)
*wheel and axle*

roth (m)
*wheel*

acastóir (m)
*axle*

roth (m)
*wheel*

ualach (m)
*load*

hanla (m)
*handle*

ualach (m)
*load*

## Ríomhairí agus gléasanna leictreonacha
### *Computers and electronic devices*

Athraíonn ríomhairí agus gléasanna leictreonacha an bealach ina mairimid agus ina n-oibrímid. Bímid in ann cumarsáid a dhéanamh ar an toirt le daoine eile ar fud an domhain. Is féidir linn na scéalta is deireanaí faoinár gcairde a fháil ar ghréasáin shóisialta agus eolas a chuardach ar an Idirlíon.

*Computers and electronic devices transform the way we live and work. We communicate instantly with people all over the world.  We keep up with friends through social networks, and we search the Internet for information.*

### Ar an Idirlíon • *On the Internet*

**ceangaltán** *(m)* • *attachment*
**leathanach baile** *(m)* • *home page*
**déan comhrá** • *chat*
**nasc** • *connect*
**ríomhphost** *(m)* • *email*
**blag** *(m)* • *blog*

**tvuít** *(f)* • *tweet*
**cuardaigh** • *search*
**brabhsáil** • *browse*
**scimeáil** • *surf*
**íoslódáil** • *download*
**uaslódáil** • *upload*
**wifi** • *wi-fi*

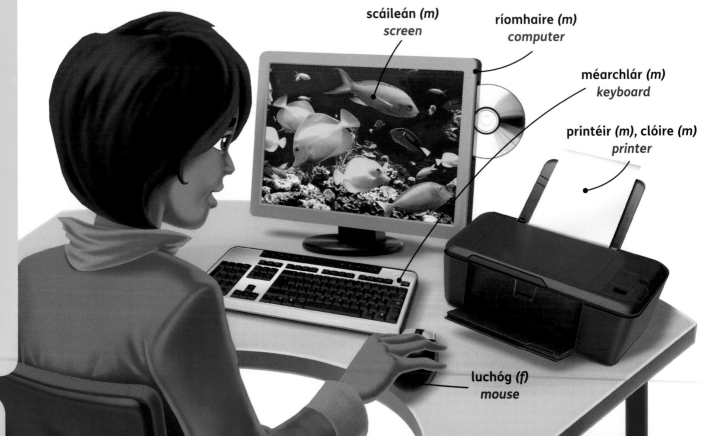

**scáileán** *(m)*
*screen*

**ríomhaire** *(m)*
*computer*

**méarchlár** *(m)*
*keyboard*

**printéir** *(m)*, **clóire** *(m)*
*printer*

**luchóg** *(f)*
*mouse*

# Science and technology

**seinnteoir MP3 (m)**
*MP3 player*

**fón póca (m)**
*mobile phone*

**méaróg chuimhne (f)**
*memory stick*

**ceamara digiteach (m)**
*digital camera*

**táibléad (m)**
*tablet*

**ríomhaire glúine (m)**
*laptop*

**r-léitheoir (m)**
*e-reader*

## Gníomhaíochtaí ríomhaireachta • *Computer actions*

**nasc** • *connect*
**logáil isteach** • *log on*
**logáil amach** • *log off*
**clóscríobh** • *type*
**scrollaigh** • *scroll*
**cliceáil** • *click*
**tarraing** • *drag*
**gearr** • *cut*
**greamaigh** • *paste*

**cuir isteach** • *insert*
**scrios** • *delete*
**formáidigh** • *format*
**cuir in eagar** • *edit*
**seiceáil litriú** • *spell check*
**priontáil/cuir i gcló** • *print*
**scan** • *scan*
**sábháil** • *save*
**déan cóip chúltaca** • *back up*

## Mamaigh • *Mammals*

Tá mamaigh aonteasach, rud a chiallaíonn go bhfanann siad te fiú in áiteanna fuara. Tugann mamaigh baineann babaithe beo ar an saol (in áit uibheacha) agus cothaíonn siad iad le bainne. Bíonn mamaigh den uile mhéid ann, idir lucha beaga, sciatháin leathair, eilifintí agus míolta móra.

*Mammals are warm-blooded, which means they can stay warm even in cold surroundings. Female mammals give birth to live babies (rather than eggs) and feed their babies with milk. Mammals range in size from tiny mice and bats to enormous elephants, whales, and dolphins.*

**moncaí (m)**
*monkey*

**sioráf (m)**
*giraffe*

**eilifint (f)**
*elephant*

**camall (m)**
*camel*

**srónbheannach (m)**
*rhinoceros*

**béar bán (m)**
*polar bear*

**dobhareach (m)**
*hippopotamus*

**liopard (m)**
*leopard*

## Neamhghnách agus neamhchoitianta
### *Unusual and extraordinary*

**platapas lacha-ghobach (m)**
*duck-billed platypus*

**caochán réaltsrónach (m)**
*star-nosed mole*

**pangailin (f)**
*pangolin*

**spadán (m)**
*sloth*

**séabra (m)**
*zebra*

**láma (m)**
*llama*

**fia (m)**
*deer*

**iora rua (m)**
*squirrel*

**iora talún (m)**
*chipmunk*

**goraille (m)**
*gorilla*

**leon (m)**
*lion*

**pantar (m)**
*panther*

**cangarú (m)**
*kangaroo*

**síota (m)**
*cheetah*

## Ainmhithe oibre • *Working animals*

Maireann ainmhithe áirithe in éineacht le daoine. Tarraingíonn nó iompraíonn ainmhithe móra oibre ualaí troma. Is iomaí jab úsáideach a dhéanann madraí. Bíonn siad ag aoireacht caorach, ag leanúint lorg agus ag fiach. Coinnítear ainmhithe feirme ar mhaithe le feoil, bainne nó uibheacha agus is iomaí duine a choinníonn ainmhithe mar pheataí.

*Some animals live very closely with people. large working animals pull or carry heavy loads. Dogs perform many useful tasks, such as herding sheep, tracking, or hunting. Farm animals are kept for their meat or for their milk or eggs, and many people like to keep animals as pets.*

**buabhall uisce *(m)***
*water buffalo*

**capall *(m)***
*horse*

**gabhar *(m)***
*goat*

**madra caorach *(m)*, gadhar caorach *(m)***
*sheepdog*

**caora *(f)***
*sheep*

## Ainmhithe beaga (m)
### Small animals

luch (f)
mouse

hamstar (m)
hamster

pearóid (f)
parrot

muc ghuine (f)
guinea pig

budragár (m)
budgerigar

bó (f)
cow

asal (m)
donkey

lacha (f)
duck

turcaí (m)
turkey

gé (f)
goose

madra tarrthála sléibhe (m),
gadhar tarrthála sléibhe (m)
mountain-rescue dog

cat (m)
cat

cearc (f)
hen

coileach óg (m)
cockerel

## Reiptílí agus amfaibiaigh • *Reptiles and amphibians*

Beireann reiptílí uibheacha agus bíonn a gcraiceann garbh. Is reiptílí an crogall, an toirtís agus an nathair. Bíonn craiceann mín, tais ar amfaibiaigh. Bíonn cónaí orthu ar thalamh tirim ach póraíonn siad in uisce. Is amfaibiaigh an bhuaf, an frog agus an niút.

*Reptiles lay eggs and have scaly skin. They include crocodiles, tortoises, and snakes. Amphibians have smooth skin that usually feels damp. They live on land but breed in water. Amphibians include toads, frogs, and newts.*

**turtar (*m*)**
*turtle*

**toirtís (*f*)**
*tortoise*

**laghairt (*f*)**
*lizard*

**caimileon (*m*)**
*chameleon*

**ioguána (*m*)**
*iguana*

**dragan Chomódó (*m*)**
*Komodo dragon*

**salamandar (*m*)**
*salamander*

## Nathracha *(f)* • *Snakes*

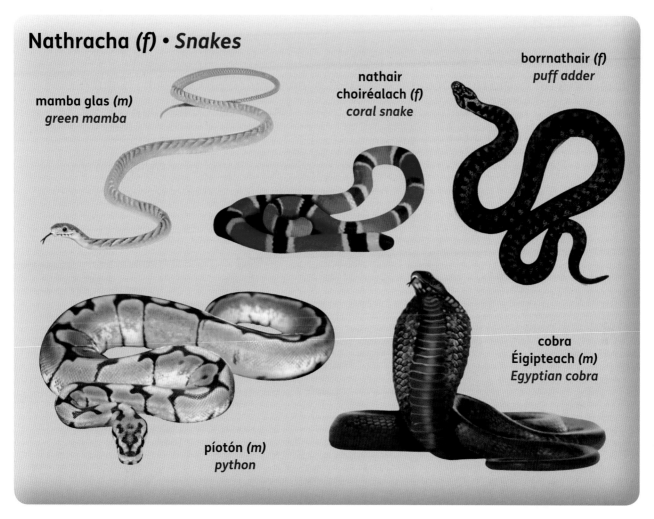

**mamba glas *(m)***
*green mamba*

**nathair
choiréalach *(f)***
*coral snake*

**borrnathair *(f)***
*puff adder*

**píotón *(m)***
*python*

**cobra
Éigipteach *(m)***
*Egyptian cobra*

**frog
saigheadnimhe *(m)***
*poison
dart frog*

**niút *(m)***
*newt*

**buaf *(f)***
*toad*

**ailigéadar *(m)***
*alligator*

**crogall *(m)***
*crocodile*

77

## Éisc • *Fish*

Bíonn cónaí ar iasc in uisce. Bíonn formhór an éisc clúdaithe le gainní agus baineann siad úsáid as a gcuid eití agus a n-eireaball chun snámh. Is iad a ngeolbhaigh a ligean dóibh análú faoin uisce. Tógann na geolbhaigh isteach ocsaigin a leánn san uisce.

*Fish live and breed in water. Most fish are covered in scales, and they swim by using their fins and their powerful bodies and tails. Fish use gills to breathe under water. The gills take in the oxygen that is dissolved in water.*

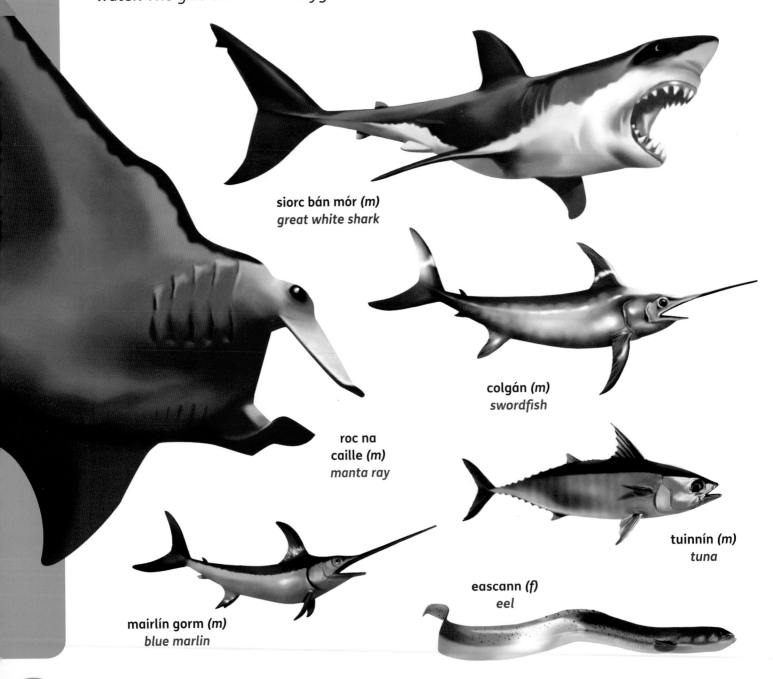

**siorc bán mór (m)**
*great white shark*

**colgán (m)**
*swordfish*

**roc na caille (m)**
*manta ray*

**tuinnín (m)**
*tuna*

**eascann (f)**
*eel*

**mairlín gorm (m)**
*blue marlin*

## Páirteanna an éisc • *Parts of a fish*

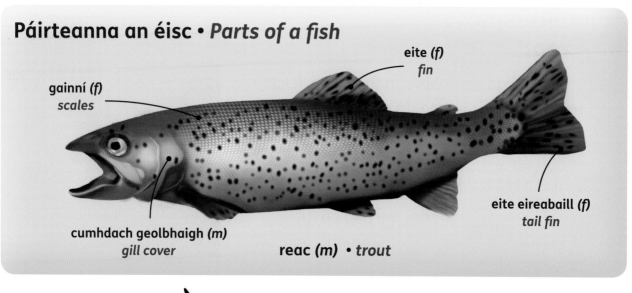

eite (f)
*fin*

gainní (f)
*scales*

eite eireabaill (f)
*tail fin*

cumhdach geolbhaigh (m)
*gill cover*

**reac (m) • *trout***

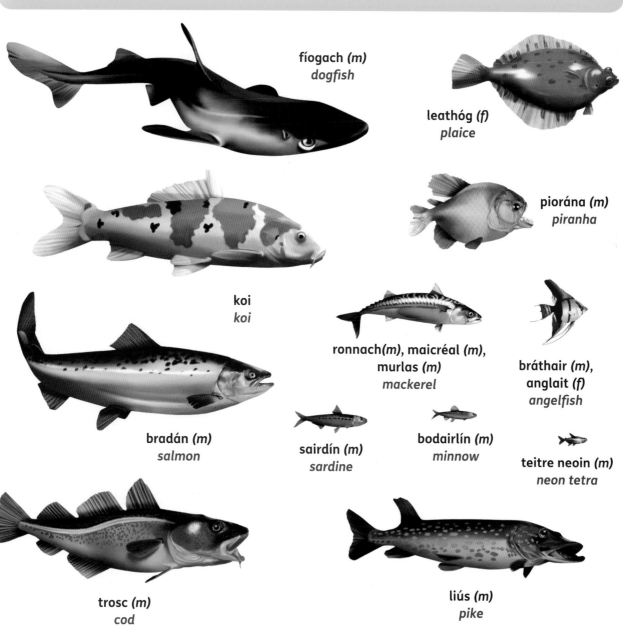

fíogach (m)
*dogfish*

leathóg (f)
*plaice*

piorána (m)
*piranha*

koi
*koi*

ronnach(m), maicréal (m),
murlas (m)
*mackerel*

bráthair (m),
anglait (f)
*angelfish*

bradán (m)
*salmon*

sairdín (m)
*sardine*

bodairlín (m)
*minnow*

teitre neoin (m)
*neon tetra*

trosc (m)
*cod*

liús (m)
*pike*

## Ainmhithe mara
### *Sea creatures*

Má thumann tú go domhain san fharraige, feicfidh tú réimse iontach nithe beo. Tá mamaigh ann (míolta móra agus deilfeanna mar shampla), tá amfaibiaigh (turtair), reiptílí mara (nathracha mara), agus mórán cineálacha iasc.

*As you dive deep into the sea, you find an amazing range of creatures. There are mammals (such as whales and dolphins), amphibians (like turtles), marine reptiles (like sea snakes), and many varieties of fish.*

**❶ iasc eitilte (m)**
*flying fish*

**❷ bundún leice (m)**
*anemone*

**❸ rón (m)**
*seal*

**❹ míol mór gorm (m)**
*blue whale*

**❺ ochtapas cluaiseiteach (m)**
*dumbo octopus*

**❻ scuillid mhaintise (f)**
*mantis shrimp*

**❼ damhán mara (m)**
*sea spider*

**❽ deilf (f)**
*dolphin*

**❾ rosualt (m)**
*walrus*

**❿ turtar mara (m)**
*sea turtle*

**⓫ nathair mhara (f)**
*sea snake*

**⓬ ochtapas (m)**
*octopus*

**⓭ gliomach (m)**
*lobster*

**⓮ capall mara (m)**
*seahorse*

**⓯ nátalas (m)**
*nautilus*

**⓰ míolsiorc (m)**
*whale shark*

**⓱ máthair shúigh mhór (f)**
*giant squid*

**⓲ ollsmugairle róin (m)**
*giant jellyfish*

**⓳ siorc beagcheannach (m)**
*Greenland shark*

**⓴ súmaire cladaigh (m)**
*sea cucumber*

**㉑ oll-iseapód (m)**
*giant isopod*

## Feithidí agus mionainmhithe • *Insects and mini-beasts*

Bíonn sé chos ar fheithid agus colainn atá roinnte ina trí chuid (an cloigeann, an tóracs, agus an bolg). Ní bhíonn aon chnámh droma ag feithid. Ar na nithe beo eile nach mbíonn cnámh droma acu tá damháin alla, céadchosaigh, agus ciaróga. Tugtar mionainmhithe orthu seo go minic.

*Insects have six legs, no backbone, and a body divided into three parts (the head, the thorax, and the abdomen). Other small creatures without a backbone include spiders, centipedes, and beetles. These creatures are often known as mini-beasts.*

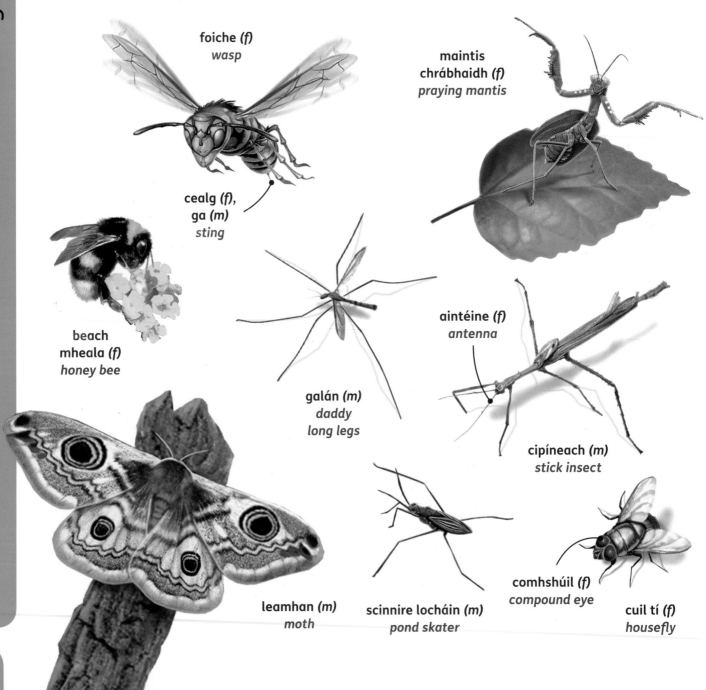

**foiche** *(f)*
*wasp*

**maintis chrábhaidh** *(f)*
*praying mantis*

**cealg** *(f)*,
**ga** *(m)*
*sting*

**beach mheala** *(f)*
*honey bee*

**aintéine** *(f)*
*antenna*

**galán** *(m)*
*daddy long legs*

**cipíneach** *(m)*
*stick insect*

**comhshúil** *(f)*
*compound eye*

**leamhan** *(m)*
*moth*

**scinnire locháin** *(m)*
*pond skater*

**cuil tí** *(f)*
*housefly*

**snáthaid mhór (f)**
*dragonfly*

**gailseach (f),
ceilpeadóir (m)**
*earwig*

**míol leapa (m)**
*bedbug*

**dreancaid (f)**
*flea*

**ciaróg rua
Mheiriceánach (f)**
*cockroach*

**corrmhíol (m), muiscít (f)**
*mosquito*

**bolb (m)**
*caterpillar*

**cloigeann (m),
ceann (m)**
*head*

**tóracs (m)**
*thorax*

**bolg (m)**
*abdomen*

**seangán (m)**
*ant*

**féileacán (m)**
*butterfly*

**aifid (f)**
*aphid*

**bóín Dé (f)**
*ladybird*

**dreoilín teaspaigh (m)**
*grasshopper*

## Ainmhithe oíche • *Nocturnal creatures*

Ligeann ainmhithe oíche a scíth nó codlaíonn siad i rith an lae agus tagann siad amach sa tráthnóna nó san oíche ar thóir bia.

*Nocturnal creatures sleep or rest during the day. They come out in the evening or at night to look for food.*

| | | |
|---|---|---|
| **1** broc *(m)* • *badger* | **4** drúchtín liopardach *(m)* • *leopard slug* | **7** scairp *(f)* • *scorpion* |
| **2** leamhan lúna *(m)* • *luna moth* | **5** faolchú liath *(m)* • *grey wolf* | **8** scúnc *(m)* • *skunk* |
| **3** léamar *(m)* • *lemur* | **6** gráinneog *(f)* • *hedgehog* | **9** vaimpír *(m)* • *bat* |

# Animals and plants

**10** racún *(m)* • *raccoon*

**11** luch chodlamáin *(f)* • *dormouse*

**12** tarsaire *(m)* • *tarsier*

**13** sionnach *(m)*, madra rua *(m)* • *fox*

**14** torcán *(m)* • *porcupine*

**15** faocha ghliomaigh *(f)* • *hermit crab*

**16** pasam *(m)* • *possum*

**17** armadailín *(m)* • *armadillo*

**18** scréachóg reilige *(m)*
*barn owl*

# Ainmhithe agus plandaí

## Éin • *Birds*

Dhá chos, dhá sciathán agus gob a bhíonn ar éan. Bíonn cleití ar éin agus beireann siad uibheacha. Bíonn formhóir na n-éan in ann eitilt, ach tá éin ann nach bhfuil – an piongain, an t-éamú agus an ostrais mar shampla.

*Birds have two legs, two wings, and a beak. All birds lay eggs and are covered with feathers. Most birds can fly, but there are some flightless birds, such as the penguin, the emu, and the ostrich.*

**cruidín (m)**
*kingfisher*

**spideog (f)**
*robin*

**fáinleog (f)**
*swallow*

**cnagaire (m)**
*woodpecker*

**cuach (f)**
*cuckoo*

**corr réisc (f)**
*heron*

**lon dubh (m)**
*blackbird*

**péacóg (f)**
*peacock*

## An neamhghnách agus an neamhchoitianta • *Astonishing and amazing*

**leitheadach rósach (m)**
*roseate spoonbill*

**cornóg chlogaid (f)**
*helmeted hornbill*

**frigéad (m)**
*frigate bird*

**bultúr (m)**
*vulture*

**iolar (m)**
*eagle*

**ostrais (f)**
*ostrich*

**peileacán (m)**
*pelican*

**lasaireán (m)**
*flamingo*

**piongain (f)**
*penguin*

**puifín (m)**
*puffin*

**dordéan (m)**
*hummingbird*

## Crainn agus toir • *Trees and shrubs*

Is plandaí móra iad crainn agus tógann sé blianta fada orthu fás go lánmhéid. Bíonn tamhan mór tiubh ar chrann agus fréamhacha a théann go domhain síos sa talamh. Sceacha a thugtar ar na toir a mbíonn gais adhmaid orthu. Is sceacha iad na luibheanna labhandar, marós agus sáiste.

*Trees are very large plants that take many years to grow to their full size. They have a thick and woody trunk and very deep roots. Shrubs are bushes with woody stems. They include some herbs, such as lavender, rosemary, and sage.*

**crann iúir (m)**
*yew*

**baobab**
*baobab*

**crann péine (m)**
*pine*

**crann crónghiúise (m)**
*redwood*

**crann giúise (m)**
*fir*

**crann cnó capaill (m)**
*horse chestnut*

**crann pailme (m)**
*palm*

**crann darach (m)**
*oak*

**crann feá (m)**
*beech*

**crann cuilinn (m)**
*holly*

**crann úll (m)**
*apple*

**míomós (m)**
*mimosa*

**marós (m)**
*rosemary*

**crann olóige (m)**
*olive*

**crann silíní (m)**
*cherry*

**crann líomóide (m)**
*lemon*

**labhandar (m)**
*lavender*

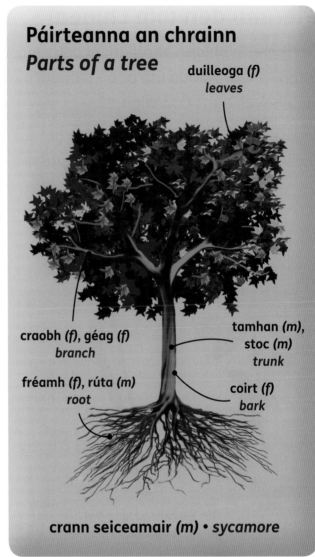

## Páirteanna an chrainn
### *Parts of a tree*

**duilleoga (f)**
*leaves*

**craobh (f), géag (f)**
*branch*

**fréamh (f), rúta (m)**
*root*

**tamhan (m), stoc (m)**
*trunk*

**coirt (f)**
*bark*

**crann seiceamair (m)** • *sycamore*

**crann eucalyptus (m)**
*eucalyptus*

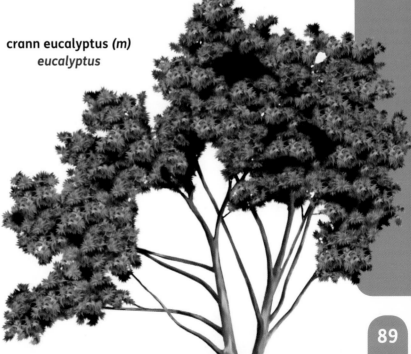

## Plandaí den uile chineál • *All sorts of plants*

Dath glas a bhíonn ar phlandaí agus teastaíonn solas uathu chun fás. Is iomaí cineál planda atá ann - plandaí bláthanna, luibheanna, féara, cachtais, raithneach agus caonaigh.

*Plants are green and need light to grow. There are many different types of plant, including flowering plants, herbs, grasses, cacti, ferns, and mosses.*

**rós** *(m)*
*rose*

**lus an chromchinn** *(m)*
*daffodil*

**goirmín** *(m)*
*pansy*

**magairlín** *(m)*
*orchid*

**tiúilip** *(f)*
*tulip*

**lile** *(f)*
*lily*

**lus na gréine** *(m)*
*sunflower*

**poipín** *(m)*
*poppy*

**duilleog bháite** *(f)*, **póicín locha** *(m)*
*water lily*

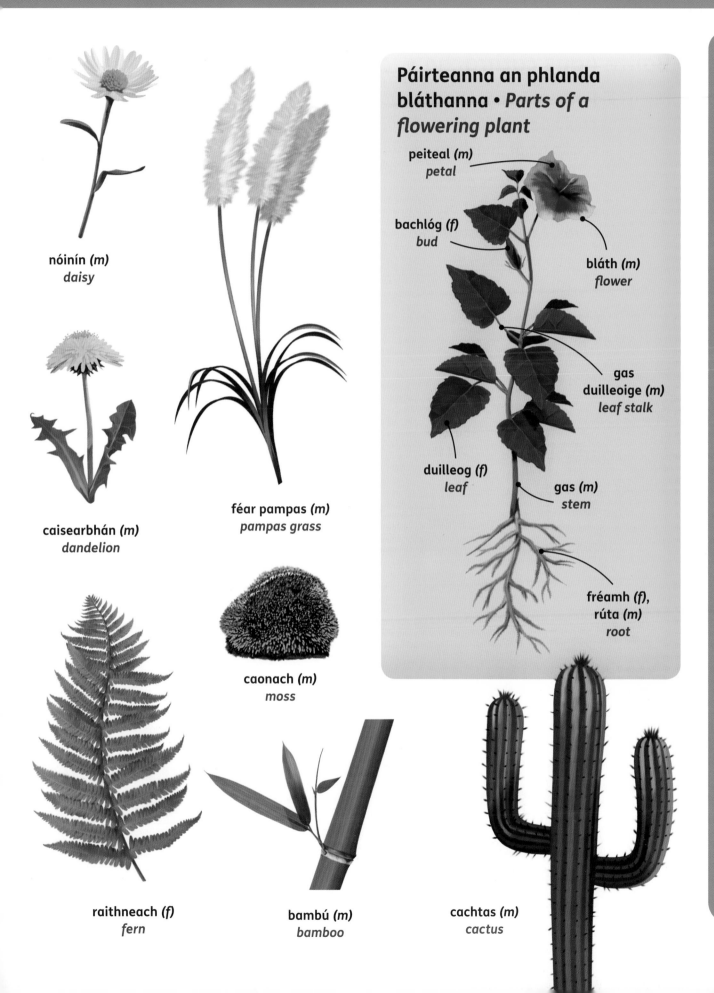

**nóinín** *(m)*
*daisy*

**caisearbhán** *(m)*
*dandelion*

**féar pampas** *(m)*
*pampas grass*

**caonach** *(m)*
*moss*

**raithneach** *(f)*
*fern*

**bambú** *(m)*
*bamboo*

**cachtas** *(m)*
*cactus*

## Páirteanna an phlanda bláthanna • *Parts of a flowering plant*

**peiteal** *(m)*
*petal*

**bachlóg** *(f)*
*bud*

**bláth** *(m)*
*flower*

**gas duilleoige** *(m)*
*leaf stalk*

**duilleog** *(f)*
*leaf*

**gas** *(m)*
*stem*

**fréamh** *(f)*, **rúta** *(m)*
*root*

## Bailte agus cathracha • *Towns and cities*

Bíonn oifigí, músaeim agus bainc i gcroílár na mbailte agus na gcathracha. Tá siad ar chuid de na foirgnimh is mó ar domhan. Is sna bruachbhailte, ar imeall an bhaile nó ar imeall na cathrach, is mó a bhíonn cónaí ar dhaoine.

*In the centre of our towns and cities are offices, museums, and banks. They are some of the largest buildings in the world. On the outskirts are the suburbs, where most people live.*

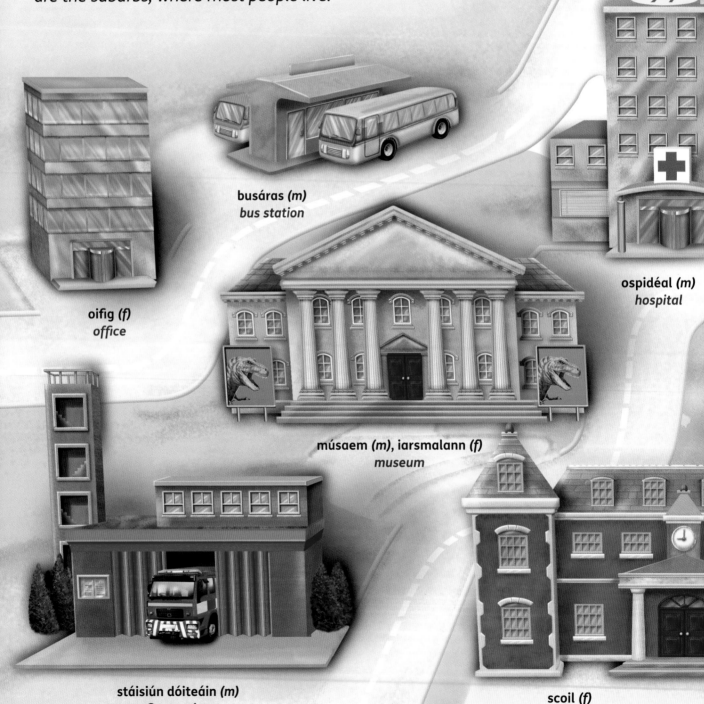

**busáras (m)**
*bus station*

**oifig (f)**
*office*

**ospidéal (m)**
*hospital*

**músaem (m), iarsmalann (f)**
*museum*

**stáisiún dóiteáin (m)**
*fire station*

**scoil (f)**
*school*

**carrchlós** *(m)*
*car park*

**staidiam** *(m)*
*stadium*

**ollmhargadh** *(m)*
*supermarket*

**óstán** *(m)*
*hotel*

**bialann** *(f)*
*restaurant*

**halla na cathrach** *(m)*
*city hall*

**pictiúrlann** *(f)*
*cinema*

## Ar an tsráid • *On the street*

Is minic sráideanna cathrach a bheith beo le daoine. Is iomaí siopa, gnó agus caifé a bhíonn orthu. Ar shráideanna áirithe, bíonn cosc ar thrácht ionas gur féidir le coisithe sásamh a bhaint as a gcuid siopadóireachta agus casadh lena gcuid cairde.

*City streets can be very lively places. They are full of shops, businesses, and cafes. In some streets, most traffic is banned so the pedestrians can enjoy shopping and meeting friends.*

**1** caifé *(m)*
*cafe*

**2** seastán nuachtán *(m)*
*news stand*

**3** siopa áise *(m)*
*convenience store*

**4** banc *(m)*
*bank*

**5** oifig an phoist *(f)*
*post office*

**6** bosca poist *(m)*
*post box*

**7** stad bus *(m)*
*bus stop*

**8** bóthar *(m)*
*road*

**9** cosán *(m)*
*pavement*

**10** solas sráide *(m)*
*street light*

**11** méadar páirceála *(m)*
*parking meter*

**12** bosca bruscair *(m)*
*litter bin*

**13** grósaeir glasraí *(m)*
*greengrocer*

**14** siopa leabhar *(m)*
*book shop*

## Siopaí de gach cineál • *All sorts of shops*

**siopa bréagán (m)**
*toy shop*

**báicéir (m)**
*baker*

**búistéir (m)**
*butcher*

**cógaslann (f),
siopa poitigéara (m)**
*chemist*

**siopa éadaí (m)**
*clothes shop*

**siopa milseán (m)**
*sweet shop*

**bláthadóir (m)**
*florist*

**siopa bronntanas (m)**
*gift shop*

**nuachtánaí (m)**
*newsagent*

**siopa peataí (m)**
*pet shop*

**siopa bróg (m)**
*shoe shop*

## Faoin tuath • *In the country*

Bíonn daoine ar fud an domhain ag saothrú na talún agus ag tógáil ainmhithe faoin tuath. Cuireann feirmeoirí arúla glasraí agus coinníonn feirmeoirí déiríochta ba nó gabhair le haghaidh bainne. Uaireanta déantar cáis, im nó tairgí déiríochta eile as an mbainne.

*All over the world, people farm the land and raise animals in the countryside. Arable farmers grow crops. Dairy farmers keep cows or goats for their milk. Milk is sometimes turned into cheese, butter, or other dairy products.*

### Barra *(m)* agus torthaí *(m)* • *Crops and vegetables*

cána siúcra *(m)* • *sugar cane*

pónairí soighe *(f)* • *soybeans*

grán buí *(m)* • *maize*

cruithneacht *(f)* • *wheat*

puimcíní *(m)* • *pumpkins*

prátaí *(m)* • *potatoes*

rís *(f)* • *rice*

fíonchaora *(f)* • *grapes*

## Feithiclí agus innill feirme *(m)* • *Farm vehicles and machinery*

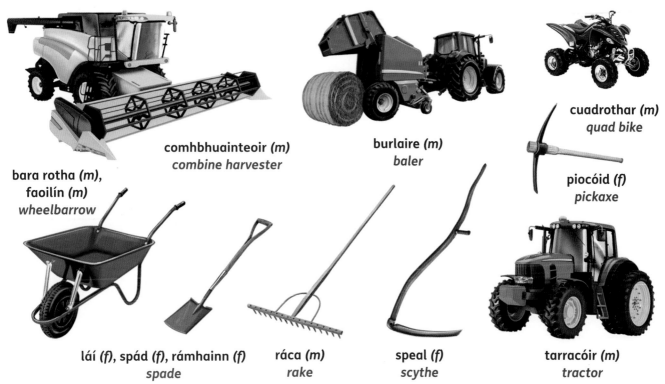

**comhbhuainteoir *(m)***
*combine harvester*

**burlaire *(m)***
*baler*

**cuadrothar *(m)***
*quad bike*

**piocóid *(f)***
*pickaxe*

**bara rotha *(m)*,
faoilín *(m)***
*wheelbarrow*

**láí *(f)*, spád *(f)*, rámhainn *(f)***
*spade*

**ráca *(m)***
*rake*

**speal *(f)***
*scythe*

**tarracóir *(m)***
*tractor*

## Foirgnimh feirme *(m)* • *Farm buildings*

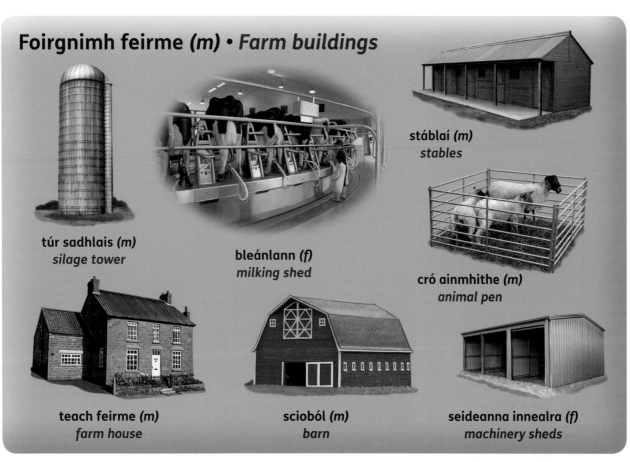

**túr sadhlais *(m)***
*silage tower*

**bleánlann *(f)***
*milking shed*

**stáblaí *(m)***
*stables*

**cró ainmhithe *(m)***
*animal pen*

**teach feirme *(m)***
*farm house*

**scioból *(m)***
*barn*

**seideanna innealra *(f)***
*machinery sheds*

## Tírdhreacha agus gnáthóga • *Landscapes and habitats*

Is iomaí cineál tírdhreach ar domhan agus bíonn gnáthóg ar leith ag baint leis na tírdhreacha sin. Bíonn cónaí ar fhiadhúlra ar leith i ngnáthóga difriúla. Tírdhreach d'oighear tiubh agus sneachta atá sa Mhol Thuaidh agus sa Mhol Theas, ach is foraoisí taise báistí atá gar don mheánchiorcal.

*The Earth has many different types of landscape, and each landscape provides a special habitat for a different set of wildlife. Landscapes can range from thick ice and snow around the North and South poles to steamy rainforests close to the equator.*

**aigéan *(m)*, farraige mhór *(f)***
*ocean*

**cladach *(m)***
*seashore*

**sliabh *(f)***
*mountain*

**foraois bháistí *(f)***
*rainforest*

**fásach *(m)*, gaineamhlach *(m)***
*desert*

**féarach *(m)***
*grasslands*

**oighearshruth *(m)***
*glacier*

**foraois shíorghlas *(f)***
*evergreen forest*

**coillearnach *(f)***
*woodland*

loch *(m)*
*lake*

réigiún na Mol *(m)*
*polar region*

seascann *(m)*, corcach *(f)*
*swamp*

móinteán *(m)*
*moor*

## Codanna na habhann
### Stages of a river

'Cruthaíonn abhainn gnáthóg athraitheach d'fhiadhúlra. Tosaíonn sí amach ina sruthán beag sciobtha agus críochnaíonn sí ina habhainn mhór leathan ag gluaiseacht léi go mall, réidh.

*Rivers provide a changing habitat for wildlife, starting with a tiny, fast-flowing stream, and ending in a broad, slow-moving river.*

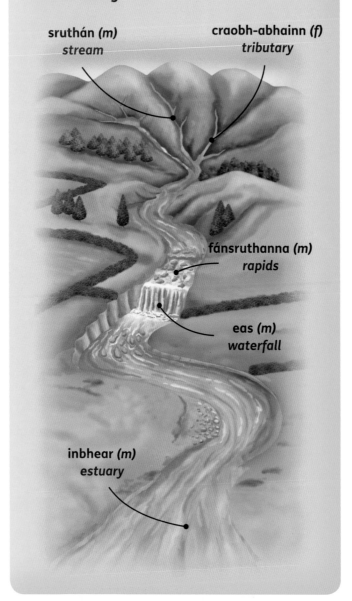

sruthán *(m)*
*stream*

craobh-abhainn *(f)*
*tributary*

fánsruthanna *(m)*
*rapids*

eas *(m)*
*waterfall*

inbhear *(m)*
*estuary*

*Landscapes and habitats*

99

## An aimsir • *Weather*

Aeráid thrópaiceach a bhíonn in áiteanna atá gar don Mheánchiorcal. Bíonn an aimsir te agus tais ansin i gcaitheamh na bliana. Aeráid mheasartha a bhíonn in áiteanna atá níos faide ó thuaidh nó ó dheas. Bíonn sé fuar sa gheimhreadh, fionnuar san earrach agus san fhómhar, agus te sa samhradh.

*Places close to the Equator have a tropical climate. The weather there is hot and humid all year round. In places further north and south, the climate is temperate. It is cold in the winter, cool in spring and autumn, and warm in summer.*

**grianmhar** • *sunny*

**scamallach** • *cloudy*

**fliuch, brádánach** • *rainy*

**ceomhar** • *foggy*

**toitcheomhar** • *smoggy*

**sneachtúil** • *snowy*

**préachta, sioctha** • *icy*

**stoirm dheannaigh** *(f)* • *dust storm*

**stoirm chloichshneachta** *(f)* • *hailstorm*

**stoirm thoirní** *(f)* • *thunderstorm*

## Focail do theocht
### Temperature words

**te, brothallach**
*hot*

**meirbh**
*warm*

**fionnuar**
*cool*

**fuar**
*cold*

**préachta, sioctha**
*freezing*

**aeráid thrópaiceach** *(f)*
*tropical climate*

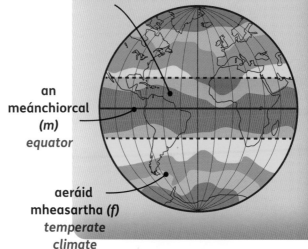

**an meánchiorcal** *(m)*
*equator*

**aeráid mheasartha** *(f)*
*temperate climate*

**tornádó** *(m)* • *tornado*

## Truailliú agus caomhnú
### *Pollution and conservation*

Tá an Domhan i mbaol ó chineálacha éagsúla truaillithe. Tá an chontúirt ann freisin go n-ídeoimid acmhainní fuinnimh uile an Domhain. Má táimid chun ár bpláinéad a shábháil, ní mór dúinn truailliú a laghdú agus fuinneamh a chaomhnú (a shábháil).

*Planet Earth is threatened by many kinds of pollution. We are also in danger of using up the Earth's resources of energy. If we want to save our planet, we must reduce pollution and conserve (save) energy.*

## Cineálacha truaillithe
### *Types of pollution*

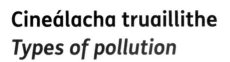

**dramhaíl ghuaiseach *(f)***
*hazardous waste*

**éilliú uisce *(m)***
*water contamination*

**aerthruailliú *(m)***
*air pollution*

**nimhiú lotnaidicídí *(m)***
*pesticide poisoning*

**radaíocht *(f)***
*radiation*

**truailliú ó thorann *(m)***
*noise pollution*

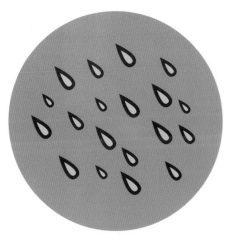

**báisteach aigéadach (f)**
*acid rain*

**doirteadh ola (m)**
*oil spill*

**truailliú solais (m)**
*light pollution*

## Caomhnú fuinnimh (m) • *Energy conservation*

Tá réimse rudaí is féidir le daoine a dhéanamh chun fuinneamh a chaomhnú agus chun an pláinéad a choinneáil folláin.

*People can take a range of steps to help save energy and keep the planet healthy.*

| **múiríniú (m)** | **athúsáid (f)** | **spáráil fuinnimh (f)** |
|---|---|---|
| *composting* | *re-use* | *energy saving* |

**athchúrsáil (f)**
*recycling*

## An Domhan
### *Planet Earth*

Tá cónaí ar an gcine daonna ar dhromchla an Domhain agus is iomaí cineál tírdhreach éagsúil atá ar an dromchla sin. Faoi screamh an dhromchla, tá sraitheanna de charraig agus tá cuid acu sin leáite (an-te agus leachtach). Brúchtann bolcáin nuair a phléascann carraig leáite, ar a dtugtar laibhe, trí screamh an Domhain.

*Humans live on the surface crust of the Earth, and this crust is moulded into different landscape features. Underneath the crust are several layers of rock, and some of them are molten (very hot and liquid). Volcanoes erupt when molten rock, called lava, bursts through the Earth's crust.*

## Taobh istigh den Domhan
### *Inside the Earth*

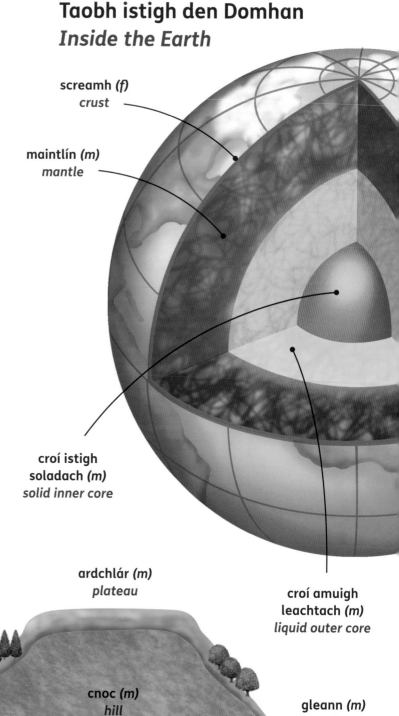

**screamh (f)**
*crust*

**maintlín (m)**
*mantle*

**croí istigh soladach (m)**
*solid inner core*

**croí amuigh leachtach (m)**
*liquid outer core*

## Gnéithe den tírdhreach
### *Landscape features*

**ardchlár (m)**
*plateau*

**cnoc (m)**
*hill*

**gleann (m)**
*valley*

**má (f), machaire (m)**
*plain*

## Taobh istigh de bholcán
### *Inside a volcano*

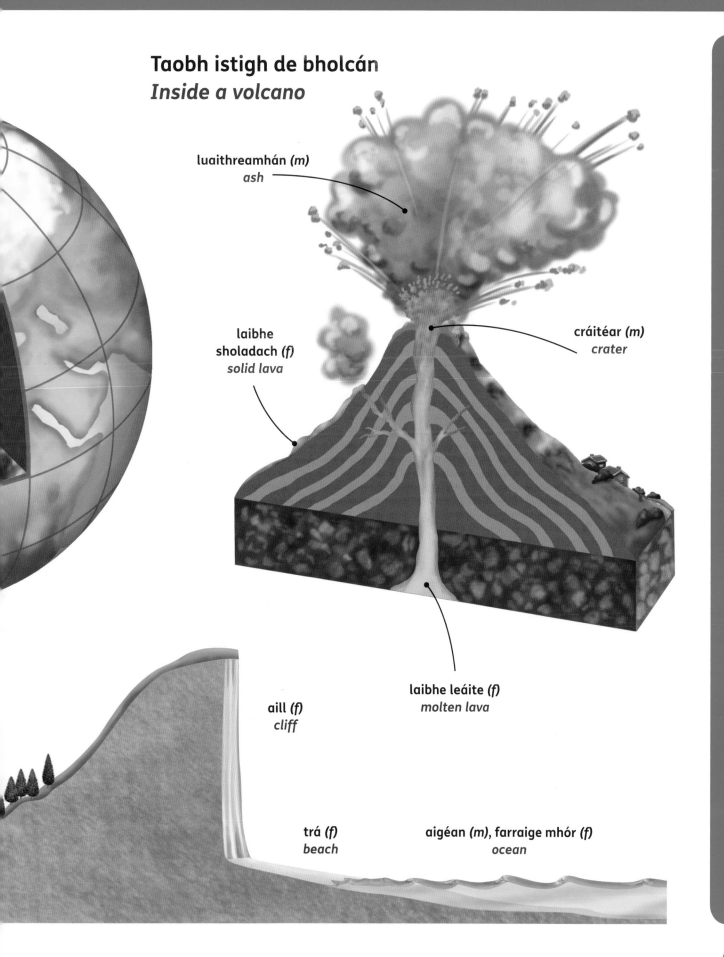

luaithreamhán *(m)*
*ash*

laibhe
sholadach *(f)*
*solid lava*

cráitéar *(m)*
*crater*

laibhe leáite *(f)*
*molten lava*

aill *(f)*
*cliff*

trá *(f)*
*beach*

aigéan *(m)*, farraige mhór *(f)*
*ocean*

## An Grianchóras
### *The solar system*

Cuimsíonn an grianchóras an Ghrian agus na pláinéid a bhíonn ag fithisiú ina timpeall. Tá ocht bpláinéad agus mórán gealach sa ghrianchóras. Bíonn mórán astaróideach agus cóiméad ag fithisiú timpeall ar an nGrian freisin.

*Our solar system is made up of the Sun and the planets that orbit it. In our solar system, there are eight planets and many moons. There are also many asteroids and comets that orbit the Sun.*

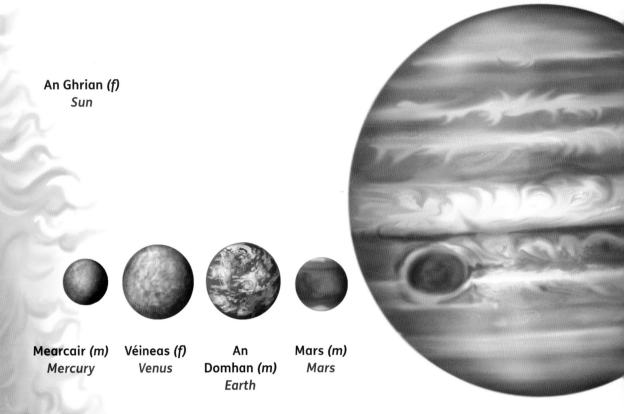

**An Ghrian (f)**
*Sun*

**Mearcair (m)**
*Mercury*

**Véineas (f)**
*Venus*

**An Domhan (m)**
*Earth*

**Mars (m)**
*Mars*

**Iúpatar (m)**
*Jupiter*

## Focail faoin spás • *Space words*

Baineann daoine úsáid as teileascóip chun staidéar a dhéanamh ar an spéir san oíche. Réalteolaithe a thugtar ar shaineolaithe a dhéanann staidéar ar na réaltaí.

*People use telescopes to study the sky at night. Professional stargazers are called astronomers.*

**réalta** *(f)* • *star*

**réaltbhuíon** *(f)* • *constellation*

**gealach** *(f)* • *moon*

**Bealach na Bó Finne** *(m)*, **an Láir Bhán** *(f)* • *Milky Way*

**réaltra** *(m)* • *galaxy*

**dreige** *(f)*, **meitéar** *(m)* • *meteor*

**dúpholl** *(m)* • *black hole*

**Neiptiún** *(m)*
*Neptune*

**Úránas** *(m)*
*Uranus*

**Satarn** *(m)*
*Saturn*

**Spástaisteal**

## Spástaisteal • *Space travel*

Tá daoine ag taiscéaladh sa spás le os cionn 50 bliain. Lainseálann roicéid chumhachtacha spástointeálaithe agus spásárthaí eile isteach sa spás. Scrúdaíonn taiscéalaithe agus stáisiúin spáis an spás agus taiscéalann carranna spáis agus árthaí tuirlingthe pláinéid eile. Bíonn spásairí ar spásárthaí áirithe, ach is róbait a oibríonn mórán de na spásárthaí.

*Humans have been exploring space for over 50 years. Powerful rockets launch space shuttles and other spacecraft into space. Probes and space stations investigate space, and rovers and landers explore other planets. Some spacecraft carry astronauts, but many are operated by robots.*

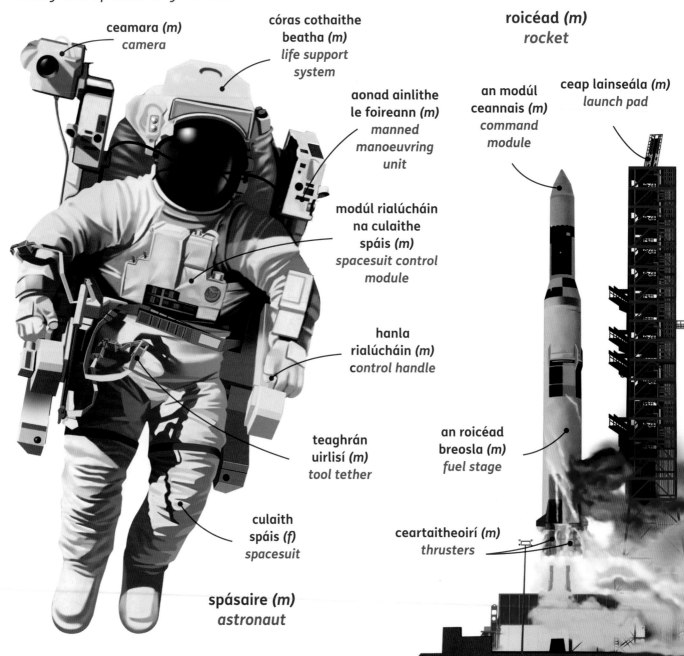

**ceamara (m)**
*camera*

**córas cothaithe beatha (m)**
*life support system*

**aonad ainlithe le foireann (m)**
*manned manoeuvring unit*

**modúl rialúcháin na culaithe spáis (m)**
*spacesuit control module*

**hanla rialúcháin (m)**
*control handle*

**teaghrán uirlisí (m)**
*tool tether*

**culaith spáis (f)**
*spacesuit*

**spásaire (m)**
*astronaut*

**roicéad (m)**
*rocket*

**an modúl ceannais (m)**
*command module*

**ceap lainseála (m)**
*launch pad*

**an roicéad breosla (m)**
*fuel stage*

**ceartaitheoirí (m)**
*thrusters*

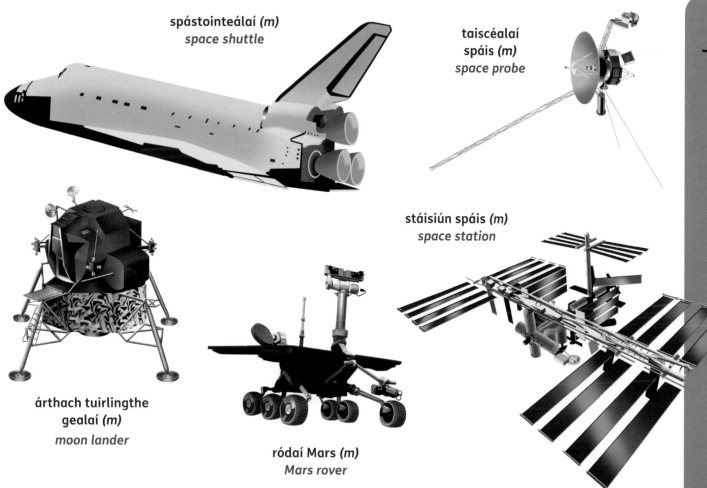

**spástointeálaí** *(m)*
*space shuttle*

**taiscéalaí spáis** *(m)*
*space probe*

**stáisiún spáis** *(m)*
*space station*

**árthach tuirlingthe gealaí** *(m)*
*moon lander*

**ródaí Mars** *(m)*
*Mars rover*

## Satailítí *(f)* • *Satellites*

Bíonn satailítí ag fithisiú mórthimpeall an Domhain. Úsáidtear iad chun grianghraif a thógáil, chun teachtaireachtaí a sheoladh agus chun súil a choinneáil ar an aimsir.

*Satellites orbit the Earth. They are used to take photographs, to transmit messages, and to track the weather.*

**satailít dhomhanbhreathnóireachta** *(f)*
*earth observation satellite*

**satailít aimsire** *(f)*
*weather satellite*

**satailít chumarsáide** *(f)*
*communications satellite*

## Uimhreacha (f) • Numbers

0   a náid (f), neamhní (m) • zero
1   a haon (m) • one
2   a dó (m) • two
3   a trí (m) • three
4   a ceathair (m) • four
5   a cúig (m) • five
6   a sé (m) • six
7   a seacht (m) • seven
8   a hocht (m) • eight
9   a naoi (m) • nine
10  a deich (m) • ten
11  a haon déag (m) • eleven
12  a dó dhéag (m) • twelve
13  a trí déag (m) • thirteen
14  a ceathair déag (m) • fourteen
15  a cúig déag (m) • fifteen
16  a sé déag (m) • sixteen
17  a seacht déag (m) • seventeen
18  a hocht déag (m) • eighteen
19  a naoi déag (m) • nineteen
20  fiche (m) • twenty
21  fiche a haon (m) • twenty-one
22  fiche a dó (m) • twenty-two
23  fiche a trí (m) • twenty-three

24   fiche a ceathair (m) • twenty-four
25   fiche a cúig (m) • twenty-five
30   tríocha (m) • thirty
40   daichead (m), ceathracha (m) • forty
50   caoga (m) • fifty
60   seasca (m) • sixty
70   seachtó (m) • seventy
80   ochtó (m) • eighty
90   nócha (m) • ninety
100  céad (m) • a hundred, one hundred
101  céad is a haon (m) • a hundred and one, one hundred and one

**1,000**
míle (m)
a thousand, one thousand

**10,000**
deich míle (m)
ten thousand

**1,000,000**
milliún (m)
a million, one million

**1,000,000,000**
billiún (m)
a billion, one billion

1ú    an chéad • first
2ú    an dara/dóú • second
3ú    an tríú • third
4ú    an ceathrú • fourth
5ú    an cúigiú • fifth
6ú    an séú • sixth
7ú    an seachtú • seventh
8ú    an t-ochtú • eighth
9ú    an naoú • ninth
10ú   an deichiú • tenth
11ú   an t-aonú (rud) déag • eleventh
12ú   an dara, dóú (rud) déag • twelfth

| | |
|---|---|
| 13ú | **an tríú (rud) déag** *thirteenth* |
| 14ú | **an ceathrú (rud) déag** *fourteenth* |
| 15ú | **an cúigiú (rud) déag** *fifteenth* |
| 16ú | **an séú (rud) déag** *sixteenth* |
| 17ú | **an seachtú (rud) déag** *seventeenth* |
| 18ú | **an t-ochtú (rud) déag** *eighteenth* |
| 19ú | **an naoú (rud) déag** *nineteenth* |
| 20ú | **an fichiú** • *twentieth* |
| 21ú | **an t-aonú (rud) is fiche** *twenty-first* |
| 30ú | **an tríochadú** • *thirtieth* |
| 40ú | **an daicheadú, ceathrachadú** *fortieth* |
| 50ú | **an caogadú** • *fiftieth* |
| 60ú | **an seascadú** • *sixtieth* |
| 70ú | **an seachtódú** • *seventieth* |
| 80ú | **an t-ochtódú** • *eightieth* |
| 90ú | **an nóchadú** • *ninetieth* |
| 100ú | **an céadú** • *one hundredth* |
| 1,000ú | **an míliú** • *one thousandth* |

## Codáin (m)
### Fractions

**leath** *(f)* • *half*
**trian** *(m)*, **tríú** *(m)* • *third*
**ceathrú** *(f)* • *quarter*
**ochtú** *(m)* • *eighth*

## Tomhais (m)
### Measurements

**milliméadar** *(m)* • *millimetre*
**ceintiméadar** *(m)* • *centimetre*
**méadar** *(m)* • *metre*
**ciliméadar** *(m)* • *kilometre*
**gram** *(m)* • *gram*
**cileagram** *(m)* • *kilogram*
**tonna** *(m)* • *tonne*
**millilítear** *(m)* • *millilitre*
**ceintilítear** *(m)* • *centilitre*
**lítear** *(m)* • *litre*
**celsius** *(m)* • *celsius*
**ceinteagrád** *(m)* • *centigrade*

**airde** *(f)* • *height*
**doimhneacht** *(f)* • *depth*
**leithead** *(m)* • *width*
**fad** *(m)* • *length*

## Focail mhata
### Maths words

**iolraigh, méadaigh** • *multiply*
**cuir le, suimigh** • *add*
**bain ó, dealaigh** • *subtract*
**roinn** • *divide*

# An féilire agus an t-am

## Laethanta na seachtaine (m)
### Days of the week

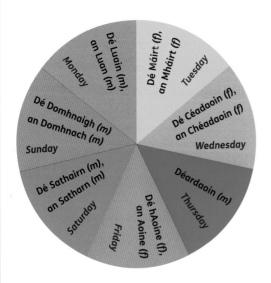

- Dé Máirt (f), an Mháirt (f) — Tuesday
- Dé Céadaoin (f), an Chéadaoin (f) — Wednesday
- Déardaoin (m) — Thursday
- Dé hAoine (f), an Aoine (f) — Friday
- Dé Sathairn (m), an Satharn (m) — Saturday
- Dé Domhnaigh (m), an Domhnach (m) — Sunday
- Dé Luain (m), an Luan (m) — Monday

## Na míonna (f)
### Months

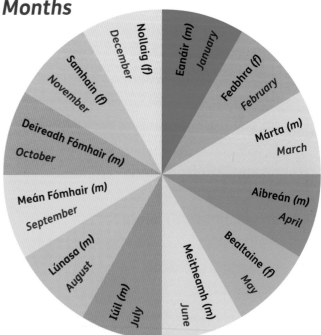

- Nollaig (f) — December
- Samhain (f) — November
- Deireadh Fómhair (m) — October
- Meán Fómhair (m) — September
- Lúnasa (m) — August
- Iúil (m) — July
- Meitheamh (m) — June
- Bealtaine (f) — May
- Aibreán (m) — April
- Márta (m) — March
- Feabhra (f) — February
- Eanáir (m) — January

## Na séasúir (m) • Seasons

an t-earrach (m)
spring

an samhradh (m)
summer

an fómhar (m)
autumn

an geimhreadh (m)
winter

## Focail a bhaineann le ham • Time words

| | | |
|---|---|---|
| mílaois (f) millennium | céad (m), aois (f) century | bliain (f) year |
| mí (f) month | seachtain (f) week | lá (m) day |
| uair (f), uair an chloig (f) hour | nóiméad (m) minute | soicind (m) second |

## An t-am (m) • Times of day

| | | | |
|---|---|---|---|
| breacadh an lae (m) dawn | maidin (f) morning | meán lae (m) midday | iarnóin (f) afternoon |
| tráthnóna (m) evening | oíche (f) night | meán oíche (m) midnight | |

## 'Cé' t-am é? • *Telling the time*

**a naoi a chlog**
*nine o'clock*

cúig nóiméad tar
éis a naoi

*five past nine*

deich tar éis a naoi,
deich nóiméad tar
éis a naoi

*nine ten,
ten past nine*

cúig nóiméad déag
tar éis a naoi,
ceathrú tar éis a naoi

*nine fifteen,
quarter past nine*

fiche tar éis a naoi,
fiche nóiméad tar
éis a naoi

*nine twenty,
twenty past nine*

fiche a cúig tar éis
a naoi, fiche a cúig
nóiméad tar éis a naoi

*nine twenty-five,
twenty-five past nine*

tríocha nóiméad tar
éis a naoi, leathuair tar
éis a naoi

*nine thirty,
half past nine*

tríocha a cúig nóiméad tar
éis a naoi, cúig nóiméad is
fiche chun a deich

*nine thirty-five,
twenty-five to ten*

daichead, ceathracha
nóiméad tar éis a naoi,
fiche nóiméad chun a
deich

*nine forty,
twenty to ten*

daichead, ceathracha
a cúig nóiméad tar éis
a naoi, ceathrú chun a
deich

*nine forty-five,
quarter to ten*

caoga nóiméad tar éis
a naoi, deich nóiméad
chun a deich

*nine fifty,
ten to ten*

caoga a cúig nóiméad
tar éis a naoi, cúig
nóiméad chun a deich

*nine fifty-five,
five to ten*

# Dathanna agus cruthanna • *Colours and shapes*

## Dathanna *(m)* • *Colours*

**dearg**
*red*

**gorm**
*blue*

**uaine, glas**
*green*

**buí**
*yellow*

**dubh**
*black*

**liath**
*grey*

**oráiste**
*orange*

**donn**
*brown*

**bándearg**
*pink*

**corcra**
*purple*

**bán**
*white*

## Cruthanna *(m)* • *Shapes*

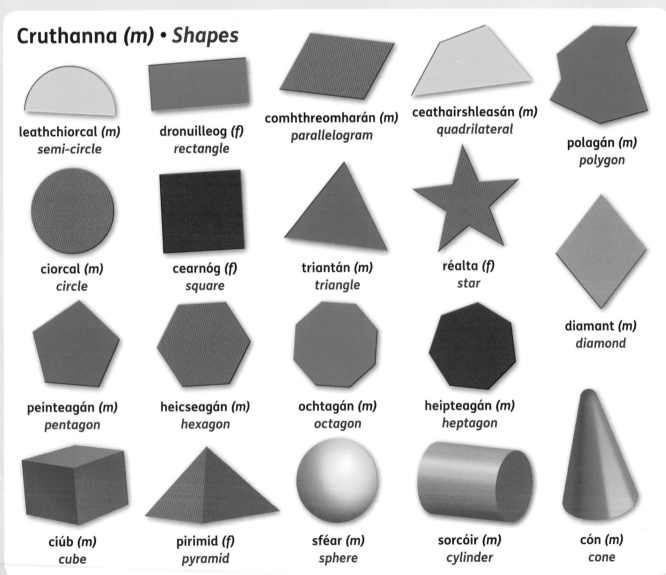

**leathchiorcal** *(m)*
*semi-circle*

**dronuilleog** *(f)*
*rectangle*

**comhthreomharán** *(m)*
*parallelogram*

**ceathairshleasán** *(m)*
*quadrilateral*

**polagán** *(m)*
*polygon*

**ciorcal** *(m)*
*circle*

**cearnóg** *(f)*
*square*

**triantán** *(m)*
*triangle*

**réalta** *(f)*
*star*

**diamant** *(m)*
*diamond*

**peinteagán** *(m)*
*pentagon*

**heicseagán** *(m)*
*hexagon*

**ochtagán** *(m)*
*octagon*

**heipteagán** *(m)*
*heptagon*

**ciúb** *(m)*
*cube*

**pirimid** *(f)*
*pyramid*

**sféar** *(m)*
*sphere*

**sorcóir** *(m)*
*cylinder*

**cón** *(m)*
*cone*

# Codarsnacht agus suíomh • Opposites and position words

## Codarsnacht
### Opposites

**mór – beag**
*big – small*

**glan – salach**
*clean – dirty*

**ramhar – tanaí**
*fat – thin*

**lán – folamh**
*full – empty*

**ard – íseal**
*high – low*

**te – fuar**
*hot – cold*

**oscailte – dúnta**
*open – closed*

**trom – éadrom**
*heavy – light*

**glórach – ciúin**
*loud – quiet*

**crua – bog**
*hard – soft*

**fada – gearr**
*long – short*

**geal – dorcha**
*light – dark*

**tirim – fliuch**
*dry – wet*

**tapa – mall**
*fast – slow*

## Suíomh
### Position words

| | |
|---|---|
| **lasta** *on* | **múchta** *off* |
| **faoi** *under* | **os cionn** *over* |
| **le taobh** *next to* | **idir** *between* |
| **os cionn** *above* | **faoi** *below* |
| **os comhair** *in front* | **ar chúl** *behind* |
| **i bhfad** *far* | **gar** *near* |

# Innéacs Gaeilge • Irish index

# Innéacs Béarla • English index

# Innéacs Béarla · *English index*

## OXFORD
UNIVERSITY PRESS

Great Clarendon Street, Oxford OX2 6DP

Oxford University Press is a department of the University of Oxford. It furthers the University's objective of excellence in research, scholarship, and education by publishing worldwide in

Oxford  New York  Auckland  Cape Town  Dar es Salaam
Hong Kong  Karachi  Kuala Lumpur  Madrid  Melbourne  Mexico City  Nairobi  New Delhi  Shanghai  Taipei  Toronto

With offices in
Argentina  Austria  Brazil  Chile  Czech Republic  France  Greece  Guatemala  Hungary  Italy  Japan  Poland  Portugal  Singapore
South Korea  Switzerland  Thailand  Turkey  Ukraine  Vietnam

© Oxford University Press 2013

All artwork by Dynamo Design Ltd.
Cover images: Clover, creatOR76/Shutterstock.com. Magnifying glass, Vjom/Shutterstock.com. All others Dynamo Design Ltd.
Developed with, and English text by, Jane Bingham and White-Thomson Publishing Ltd.
Translated by Máirín Ní Mharta

British Library Cataloguing in Publication Data available

ISBN: 978 0 19 273561 4
10 9 8 7 6 5 4 3 2 1

Special edition ISBN: 978 0 19 273548 5
10 9 8 7 6 5 4 3 2 1

Printed in China